LA BIBLE SUPRÊME DE MICROSOFT OFFICE 365 :

Parcours Complet [8-en-1] avec Guides Pas à Pas pour Excel, Word, PowerPoint, Outlook, OneNote, OneDrive, Teams et Access - De Débutant à Expert, Transformez Votre Productivité"

Par

LEONARD J. LEDGER

TABLE DES MATIÈRES

SCAN HERE

GRAB YOUR FREE BONUSES NOW

HTTPS://821PUBLISHING.COM/EXCEL-LANDING

- Excel for Beginners Audiobook
- Office 365 for Beginners Audiobook
- Excel Pro: Boosting Productivity with Shortcuts and Tricks
- Artificial Intelligence in Excel: Advanced Techniques for Data Visualization

LIVRE 1: COMPRENDRE OFFICE 365

INTRODUCTION

Vous avez probablement entendu parler d'Office 365, qui est maintenant connu sous le nom de Microsoft 365 ou l'un des deux, mais vous ne savez peut-être pas de quoi il s'agit. Le potentiel d'augmentation de la productivité des individus est l'un des principaux avantages de Microsoft 365. Le potentiel de productivité des particuliers est l'un des principaux objectifs de Microsoft 365. Il s'agit d'un service d'abonnement qui permet aux utilisateurs d'accéder aux versions les plus récentes des produits de productivité contemporains de Microsoft qui sont actuellement sur le marché. Il offre une grande variété de plans qui peuvent être utilisés à des fins domestiques et individuelles, ainsi que pour les entreprises de toutes tailles, les grandes entreprises, les établissements d'enseignement et les organisations à but non lucratif. Word, PowerPoint et Excel ne sont que quelques-unes des puissantes applications bureautiques incluses dans les plans Microsoft 365 conçus pour un usage domestique et personnel. Ces plans, en plus d'autres caractéristiques, comprennent également la suite Microsoft Office. Microsoft Office. Vous aurez également accès à des outils connectés au nuage qui permettent une collaboration en temps réel sur les documents et autres fichiers connexes, en plus de l'espace de stockage en ligne supplémentaire qui est fourni. Si vous avez souscrit un abonnement, vous aurez toujours accès aux fonctionnalités les plus récentes, aux correctifs et aux mises à jour de la sécurité du système. En outre, vous bénéficiez d'une assistance technique illimitée sans frais supplémentaires. Lorsqu'il s'agit de payer votre service d'adhésion, vous avez le choix entre des paiements mensuels ou annuels. Les plans Microsoft 365 pour les entreprises, les écoles et les organisations à but non lucratif comprennent tous des applications de bureau entièrement installées, ce qui les distingue des autres services de cloud computing. Cependant, Microsoft fournit également un accès aux versions en ligne de Microsoft Office, ainsi qu'à des services de stockage de fichiers et de courrier électronique basés sur le nuage, par le biais de ses formules d'abonnement plus fondamentales. C'est à vous de décider ce qui vous convient le mieux, que vous en ayez besoin pour votre petite entreprise, une entreprise, une école ou une organisation qui ne recherche pas le profit financier.

CHAPITRE 1

Setting up Microsoft 365 on a Windows Device

CONFIRMEZ QUE les conditions requises pour l'installation d'Office peuvent être remplies par l'appareil que vous utilisez, qui fonctionne avec le système d'exploitation Windows, puis suivez les étapes décrites ci-dessous:

1.1 Accédez au portail en ligne à l'adresse suivante: www.microsoft365.com/setup

Installez Microsoft Office 365 en allant sur microsoft365.com/setup sur votre navigateur web lorsque vous utilisez votre ordinateur Windows, puis en suivant les instructions à l'écran (Edge, Firefox, Chrome, le navigateur par défaut, ou tout autre). Ensuite, vous devrez appuyer sur la touche Entrée pour accéder à la page d'installation de Microsoft 365.

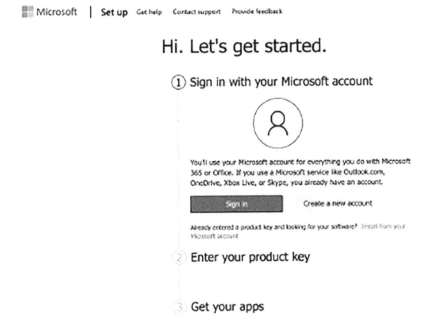

1.2 Fournir les informations de connexion à votre compte Microsoft

Vous devez d'abord vous connecter avec votre identifiant de compte Microsoft/numéro de téléphone et votre mot de passe en cliquant sur le bouton "Se connecter" sur le site microsoft365.com/setup. Vous pourrez ensuite terminer la procédure d'installation. Si vous utilisez la plateforme pour la première fois, vous devrez créer un nouveau compte avant de pouvoir vous connecter. Pour créer un nouveau compte, cliquez sur le bouton "Créer un compte", puis suivez les étapes énumérées ci-dessous.

1.3 Localisez le champ correspondant à la clé de produit et saisissez-la.

Si vous ne l'avez pas encore fait, vous verrez apparaître une boîte contenant des instructions sur la façon d'échanger votre produit. Si c'est le cas, vous ne verrez pas l'encadré. Dans l'espace prévu à cet effet, saisissez soigneusement le code clé à 25 chiffres que vous possédez actuellement, puis cliquez sur le bouton "Soumettre". Il est important de garder à l'esprit que vous ne pouvez pas installer Microsoft 365 directement à partir de Microsoft si vous n'avez pas déjà un abonnement premium quelconque ; vous devez déjà être abonné à au moins un des plans.

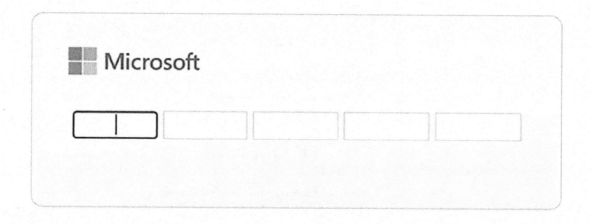

1.4 Après avoir téléchargé le programme d'installation de Microsoft 365, Installez-le sur votre propre ordinateur

Pour lancer le processus d'installation, rendez-vous sur les deux pages suivantes et sélectionnez les onglets "Installer" et "Installer Office". Vous pouvez commencer le téléchargement de Microsoft 365 en sélectionnant l'un des choix suivants dans le menu qui s'affiche : Exécuter, Configurer, Enregistrer ou Enregistrer le fichier, selon le navigateur utilisé. La dernière mise à jour de Microsoft 365 sera téléchargée sans intervention de votre part.

1.5 Pour terminer l'installation, ouvrez le fichier que vous avez téléchargé

Pour commencer le processus d'installation, exécutez le fichier à partir des téléchargements de votre navigateur ou double-cliquez sur le fichier d'installation "microsoft365.exe" qui se trouve dans le dossier "Téléchargements" créé automatiquement sur le disque dur de Windows. Le processus d'installation commencera immédiatement.

1.6 Accepter les termes et conditions du logiciel

Étant donné que la réponse "Oui" à la question relative au contrôle du compte d'utilisateur lors de l'installation du logiciel Office 365 modifie la configuration du dispositif, il est important de le faire lorsque l'invite vous le demande. Ensuite, l'accord de licence du logiciel se charge, vous devez alors le lire et cliquer sur le bouton Accepter.

1.7 Terminer l'installation pour commencer

Soyez patient, car le processus d'installation prend quelques minutes ; le temps nécessaire dépend de la quantité de mémoire vive disponible sur votre machine. La notification "Vous êtes prêt ! Le bureau est en cours d'installation et sera visible dès que l'installation sera terminée. Lisez la vidéo animée pour parcourir les applications disponibles ou sélectionnez le bouton Fermer pour mettre fin au processus de recherche.

1.8 Terminer l'installation en activant Office 365

Toute application, y compris Microsoft Word, doit maintenant être lancée à partir du menu Démarrer de Windows avant de pouvoir être utilisée. Ensuite, vous devrez accepter les termes de la licence et vous connecter à votre compte Microsoft pour terminer le processus. Le processus d'activation des applications Office est terminé et vous pouvez désormais les utiliser.

CHAPITRE 2

Applications Essentielles Pour les Ordinateurs de Bureau

ICROSOFT 365 est un logiciel très important. Le consommateur type de l'abonnement n'utilisera probablement pas toutes les fonctionnalités incluses dans l'abonnement. Pour tirer le meilleur parti de votre abonnement à Microsoft 365, il est important que vous vous familiarisiez avec les applications incluses dans l'abonnement et disponibles pour votre usage. Dans le même temps, des informations concernant la disponibilité de chaque application dans les abonnements seront fournies pour vous aider à choisir l'abonnement approprié à vos besoins. Dans le cadre de l'abonnement Microsoft 365, les utilisateurs ont accès à toutes les applications bureautiques bien connues qui font partie de la suite Microsoft Office. Chaque application comprend les éléments suivants:

2.1 MS Word

Le traitement de texte connu sous le nom de Microsoft Word peut être trouvé dans la suite de produits Microsoft Office 365.

Microsoft Office 365. Word pour Windows prend en charge pour le Portable Document Format (PDF) et OpenDocument, ainsi que des outils d'édition et de formatage de documents (ODF).

Word est utilisé comme outil de traitement de texte depuis longtemps. C'est l'une des applications de l'entreprise qui existe depuis le plus longtemps. Microsoft Word est l'une des applications les plus utilisées pour la rédaction de documents, car son interface utilisateur a fait l'objet d'une évolution constante au fil des ans, ce qui s'est traduit par l'ajout de nouvelles capacités et fonctionnalités. Vous avez la possibilité de recommencer à zéro lorsque vous créez de nouveaux documents, ou vous pouvez utiliser l'un des nombreux modèles prédéfinis qui sont accessibles. Cet outil peut être utilisé pour produire une variété de documents, y compris des lettres d'affaires, des CV, des manuels de produits, des dépliants d'événements, et bien d'autres encore. En outre, vous avez la possibilité d'inclure une table des matières dans votre travail, de modifier l'en-tête et le pied de page, d'inclure des tableaux de données et des graphiques en couleur et de vérifier que votre travail ne contient pas de fautes d'orthographe. Microsoft Word est un programme puissant qui peut aider votre document à paraître plus soigné et plus professionnel.

2.2 MS Excel

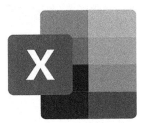

L'histoire remarquable du tableur connu sous le nom de

Microsoft Excel remonte à sa conception en tant que concurrent du tableur Lotus 1-2-3, largement utilisé, et au succès qu'il a connu par la suite en dépassant son prédécesseur. Ce programme est une application Microsoft Office qui existe depuis longtemps. Il s'agit d'une application pour les feuilles de calcul et d'un outil puissant utilisé par de nombreuses personnes dans divers secteurs. Excel est utilisé à diverses fins par un grand nombre de personnes, notamment des comptables, des enseignants, des chefs de projet et des propriétaires d'entreprise. Outre la production de tableaux et de graphiques, il est également capable d'effectuer un large éventail de calculs et de traiter des données.

2.3 MS PowerPoint

Le programme Microsoft PowerPoint, très répandu, sert à créer des diapositives qui sont utilisées dans les présentations. PowerPoint est souvent utilisé par les conférenciers et les instructeurs pour illustrer leurs présentations, car il permet aux spectateurs d'obtenir une représentation visuelle des informations qui leur sont envoyées.

En outre, les professionnels utilisent PowerPoint pour tenir leurs collègues informés des différents aspects de l'entreprise, et les commerçants l'utilisent pour offrir une présentation aux personnes qu'ils servent. Vous constaterez également que les modèles intégrés sont proposés pour vous aider à démarrer en douceur la création de votre présentation. Votre présentation peut considérablement éduquer votre public en utilisant des films, de la musique et des effets d'animation, qui sont tous activés par PowerPoint.

2.4 MS OneNote

Outil de collecte de notes, Microsoft OneNote vous permet de

de compiler des notes manuscrites ou dactylographiées, des dessins, des captures d'écran et des commentaires audio dans une seule zone. Les notes peuvent être partagées avec d'autres utilisateurs de OneNote via Internet ou un réseau local utilisant OneNote, une fonctionnalité souvent sous-utilisée ou pas du tout comprise.

2.5 MS Outlook

Microsoft Outlook est un gestionnaire d'informations personnelles qui a été mis à disposition pour la première fois avec la sortie d'Office 97. Il est conçu pour remplacer à la place de Windows Messaging, Microsoft Mail et Schedule+. Il est équipé d'un calendrier, d'un Il est équipé d'un calendrier, d'un carnet d'adresses, d'un organisateur de tâches et d'un client de messagerie. un client de messagerie. Vous pouvez accéder à votre compte de messagerie depuis n'importe quel endroit du globe en utilisant le programme gratuit basé sur le web connu sous le nom de Outlook.com, qui est une version basée sur le web de l'application Microsoft Outlook.

2.6 MS OneDrive

Le service Microsoft OneDrive permet de synchroniser des fichiers en ligne et d'y accéder à partir d'un navigateur web ou d'un appareil mobile utilisant le service. C'est ce que permet Microsoft OneDrive. Le premier concurrent potentiel qui vient à l'esprit est Google Drive.

2.7 MS Access

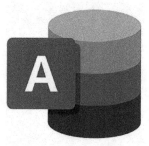

Microsoft Access est un système de gestion de base de données qui se compose d'un système de gestion de base de données complet formé par la combinaison du moteur de base de données relationnel Microsoft Jet, d'une interface utilisateur graphique et d'outils de développement de logiciels. Microsoft Access est un programme de gestion de base de données qui stocke les données dans un format exclusif au moteur de base de données Access Jet. Les données enregistrées dans d'autres applications ou bases de données peuvent également être importées dans l'application ou connectées directement à partir de l'application elle-même.

2.8 MS Teams

 L'application et le service ont pris beaucoup d'ampleur pendant la pandémie de COVID-19, en particulier en 2020. COVID-19, en particulier en 2020. Cela s'explique principalement par le fait qu'elle présente l'un des aspects les plus utiles principalement parce qu'elle présentait l'un des aspects les plus utiles et les plus utilisés de Microsoft 365. de Microsoft 365. Microsoft Teams est le pivot central d Office 365 et est chargé de faciliter la communication au sein des équipes, de réunir les membres de différentes équipes et de fournir les informations et les outils nécessaires pour que les équipes soient plus engagées et plus productives. Tout le monde est rapprochés par le fait qu'ils peuvent communiquer à tout moment, que ce soit par vidéo, par chat ou par téléphone. Il est toujours possible d'accéder aux documents, aux images, aux vidéos, à l'historique des sessions de chat et aux notes de réunion, ce qui simplifie grandement le travail avec d'autres personnes. La solution de messagerie instantanée fournie par Teams comprend également un traducteur, ce qui permet aux entreprises de travailler ensemble quelles que soient leurs préférences et leurs contraintes en matière de langues. Avec l'aide de Teams, un lieu de travail virtuel peut être créé avec toutes les applications nécessaires, ce qui permet aux travailleurs et aux collaborateurs de rester dans un même lieu plutôt que de se déplacer d'un endroit à l'autre. Il est souvent considéré comme le lieu de travail de l'avenir.

CHAPITRE 3

Choisir Son Plan

TOUTE PERSONNE OU entreprise ayant choisi d'utiliser la solution Microsoft 365 sera confronté à l'intrigante option de choisir le plan à utiliser après avoir décidé d'utiliser le service. Étant donné que les fonctionnalités de Microsoft 365 dépendent du plan que vous avez choisi, il se peut que certains aspects de Microsoft 365 ne soient pas du tout inclus dans votre abonnement. À vrai dire, que vous soyez un particulier essayant de l'utiliser pour un usage personnel en interne ou une entreprise cherchant à l'utiliser, vous n'avez pas absolument besoin de toutes les fonctions que Microsoft 365 a à offrir. Microsoft a en outre simplifié ce processus en classant les plans en sections et, plus important encore, en sous-sections pertinentes, ce qui vous aidera à prendre la décision la plus éclairée possible quant à ce qu'il convient d'utiliser. Ainsi, une petite entreprise n'est pas obligée d'acheter le même plan qu'une grande entreprise qui pourrait avoir besoin de plus d'utilitaires de Microsoft 365. Ainsi, tout le monde peut choisir son propre plan et continuer à être satisfait. Dans Microsoft 365, vous pouvez choisir l'un des quatre plans, chacun d'entre eux ayant bien sûr son propre niveau de couverture:

- Microsoft 365 pour les particuliers.
- Microsoft 365 pour les entreprises.
- Microsoft 365 pour les entreprises.
- Microsoft 365 pour l'éducation.

Vous devez examiner les caractéristiques de chaque plan et les applications qui vous sont proposées avant de choisir celui qui convient le mieux à vos besoins. Vous devez être connecté à votre compte Microsoft pour pouvoir souscrire à l'un des plans Microsoft 365. Gardez à l'esprit que vous n'avez besoin que d'un seul compte pour tout ; allez-y, créez votre compte et enregistrez-vous.

LIVRE 2 : MICROSOFT EXCEL 2024

INTRODUCTION

EXCEL est devenu un nom familier depuis sa sortie en 1985. Les données peuvent être stockées, triées et analysées à l'aide d'Excel, un tableur. Le tableur de Microsoft est inclus dans l'offre Office 365 de l'entreprise. En ce qui concerne les fonctionnalités utiles, Excel de Microsoft se classe parmi les meilleurs de ses produits. Microsoft 365 (anciennement Office 365) comprend le tableur Excel. La liste des fonctionnalités et des capacités d'Excel est, à première vue, inépuisable. Les capacités de Microsoft Excel vont bien au-delà de la simple possibilité de créer et de gérer des bases de données et des feuilles de calcul. Toutefois, il s'agit également d'un ordinateur qui peut effectuer toute une série de calculs en utilisant les données contenues dans les cellules et les feuilles de calcul. Supposons que vous n'ayez jamais utilisé Microsoft Excel auparavant ou que vous souhaitiez simplement vous rafraîchir la mémoire. Dans ce cas, vous maîtriserez les principes fondamentaux d'Excel, notamment comment effectuer des calculs de base, créer des tableaux croisés dynamiques, définir des zones d'impression et organiser votre espace de travail en fonction de vos besoins. Une fois que vous aurez appris à utiliser la version en ligne d'Excel, vous n'aurez aucun mal à travailler avec vos feuilles de calcul. L'interface utilisateur en ligne d'Excel est assez similaire à celle de la version de bureau d'Excel, de sorte que toute personne familiarisée avec le programme devrait se sentir à l'aise dans son utilisation.

CHAPITRE 1

Premiers Pas Avec les Feuilles de Calcul et les Modèles

LES MODÈLES VOUS FAISENT GAGNER DU TEMPS en fournissant un cadre déjà conçu pour votre document. La création de cahiers d'exercices avec un formatage cohérent est un jeu d'enfant. Au lieu de commencer avec un classeur vierge, vous pouvez choisir parmi une variété de modèles préétablis lorsque vous créez un nouveau document. Les modèles sont utiles car ils intègrent déjà le formatage et les styles nécessaires.

1.1 Utilisation de modèles

Les étapes ci-dessous vous aideront à utiliser efficacement l'un ou l'autre de ces modèles:

- Après avoir sélectionné l'icône Excel dans la barre latérale, choisissez "Plus de modèles" dans le menu déroulant. dans le menu déroulant.

- Dès que le nouvel écran se charge, la section en surbrillance s'affiche. une liste des modèles disponibles.

- Parcourez les modèles disponibles et choisissez celui qui correspond le mieux à vos besoins.

- Saisissez votre propre texte au lieu de l'exemple fourni par le modèle.

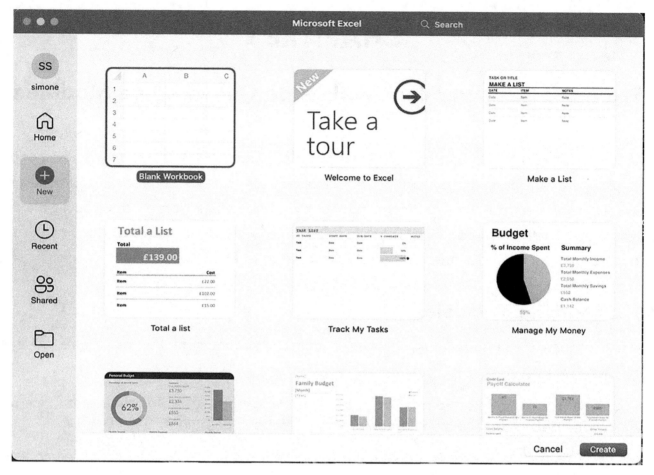

Au lieu d'utiliser des modèles préétablis, essayez les étapes suivantes pour créer une nouvelle page à partir de zéro:

- Après avoir sélectionné l'icône Excel dans la barre latérale, choisissez "Nouvelle feuille de calcul vierge".

- Une nouvelle feuille de calcul vide est maintenant à votre disposition.

- Il vous suffit d'aller dans le menu Fichier et de choisir "Nouveau" pour créer un nouveau classeur alors que vous êtes déjà en train de travailler sur l'un d'entre eux. Pour repartir à zéro, cliquez sur le bouton "Classeur vierge".

CHAPITRE 2

Utiliser l'interface d'Excel

Les boutons, les groupes, les menus et la feuille de calcul elle-même constituent l'interface utilisateur d'Excel. Tous ces sous-composants, à commencer par les menus, seront examinés de près.

2.1 Titre du dossier

Il se trouve au-dessus de l'interface utilisateur. Chaque nouveau document que vous créez se verra attribuer un numéro correspondant à un livre, en commençant par 1. Il est préférable de donner à votre fichier un nom facile à retenir. Dans Excel, le nom du fichier peut être modifié en cliquant sur la barre de titre. Indiquez le nouveau nom et choisissez un emplacement pour le stocker dans le nuage de Microsoft (OneDrive).

2.2 Entrées dans les menus

La majorité des fonctions les plus utilisées d'Excel sont accessibles via les menus de la feuille de calcul. Ils sont accessibles à partir de la barre de menus située en haut d'Excel. Il s'agit des options standard Fichier, Accueil, Insertion, Mise en page, Formules, Données, Révision, Affichage et Aide. Vous pouvez créer des raccourcis en appuyant sur la touche Alt en combinaison avec les lettres qui apparaissent lorsque vous appuyez sur la touche Alt. Les raccourcis et les options de menu pour chaque section sont présentés ci-dessous.

Fichier

Ouvrez, fermez, enregistrez et imprimez vos fichiers ici. En appuyant sur Alt + F (sous Windows) sur le clavier pour faire apparaître la barre de recherche.

Accueil

À partir d'ici, vous pouvez apporter des modifications à vos feuilles de calcul, notamment les formater, les éditer, les couper, les copier, les effacer et les choisir. La combinaison de touches rapide est Alt + H (sous Windows).

Insertion

Les fonctions, les images, les tableaux, les graphiques, les formes, les symboles, etc. peuvent être inclus dans les feuilles de calcul à l'aide de l'onglet Insérer. Pour utiliser rapidement cette fonction, appuyez sur les touches Alt + N de votre clavier. (sous Windows)

Mise en page

Pour préparer une page, accédez à l'onglet "Mise en page". Les options de format de papier, d'orientation du papier, d'impression et de mise à l'échelle sont toutes accessibles ici. Pour imprimer à l'aide du clavier, utilisez Alt + P (sous Windows).

Formules

Pour les formules mathématiques, utilisez Alt + M (sous Windows).

Données

Ici, vous pouvez organiser vos données et faire différents choix dans les feuilles de calcul. Alt + A (sous Windows) est le raccourci clavier pour cette opération.

Révision

Cette section vous permet de revenir en arrière et de revérifier votre travail précédent. Vous avez la possibilité d'utiliser les fonctions de correction orthographique et de statistiques du classeur. La combinaison de touches rapide est Alt + R (sous Windows).

Vue

Les en-têtes et pieds de page de l'espace de travail, ainsi que la possibilité de voir d'autres feuilles, sont tous accessibles via l'onglet Affichage. Le raccourci clavier est Alt + E (sous Windows).

Aide

L'assistance Excel est disponible ici. Vous pouvez contacter l'équipe d'assistance officielle d'Excel, fournir des commentaires, rechercher des raccourcis clavier et télécharger la version la plus récente d'Excel. Un moyen rapide d'y parvenir en utilisant uniquement le clavier est d'appuyer sur Alt + E (sous Windows).

De plus, lorsque vous saisissez des éléments tels que des graphiques, des formulaires, des photos et autres, certaines barres secrètes apparaissent.

Boîte de recherche

Les onglets "Recherche" et "Edition/Visualisation" se trouvent en haut à droite de l'écran.

La case "Recherche" d'Excel (également connue sous le nom de case "Dites-moi ce que vous voulez faire") vous permet de rechercher n'importe quoi dans le programme, tandis que le bouton "Édition/Visualisation" permet de basculer entre les deux modes de visualisation et d'édition respectifs. Si vous avez des droits d'édition, vous pouvez

Si vous avez des droits d'édition, vous pouvez apporter des modifications à votre travail ou à celui de quelqu'un d'autre dans le mode d'édition, tandis que l'option de visualisation permet de lire votre fichier sans y apporter de modifications. Il est préférable de vérifier votre travail en mode visualisation afin d'éviter l'ajout accidentel de chiffres erronés dans votre feuille de calcul.

2.3 La feuille de calcul

Excel est un tableur qui permet d'organiser les informations en lignes et en colonnes. Ces lignes et colonnes, ou cellules, contiennent des informations sous la forme d'une valeur numérique, d'une formule ou d'une chaîne de texte. Les calculs, l'organisation des données, l'analyse des données, la création de tableaux croisés dynamiques, la visualisation des données sous forme de graphiques et de diagrammes, ainsi que les calculs statistiques précis sont autant de tâches qui peuvent être accomplies dans une feuille de calcul. La feuille de calcul Excel peut être adaptée à vos besoins en ajustant la largeur des colonnes et le nombre de lignes. Bien que la popularité d'Excel ne se soit pas démentie, de nombreux utilisateurs préfèrent utiliser Google Sheets, Microsoft OneNote ou OpenOffice.org Calc en raison de la variété de leurs fonctionnalités et de la convivialité d'Excel.

CHAPITRE 3

Ajouter et Supprimer des Textes

C'EST UNE QUESTION qui se pose régulièrement lorsque l'on traite une feuille de calcul. Les feuilles de calcul Excel sont des collections de cellules organisées en lignes et en colonnes. Pour saisir du texte, déplacez le pointeur sur la cellule souhaitée, cliquez avec le bouton gauche de la souris sur la cellule, puis commencez à taper. Dans le Dans le tableau ci-dessous, le "dossier scolaire" est saisi dans la cellule A1, le "nom" dans la cellule A2, l'"âge" dans la cellule B2 et le "sexe" dans la colonne C2. Une copie du texte de la cellule sélectionnée apparaît dans la barre de formule, ce qui vous permet d'y apporter des modifications. Les erreurs de frappe sont malheureusement inévitables, mais sachez que vous avez la possibilité de les corriger si nécessaire. En sélectionnant la cellule et en utilisant la touche d'effacement arrière, vous pouvez supprimer instantanément tout texte ou chiffre saisi dans la cellule sélectionnée. Cette méthode permet d'effacer tout le contenu de la cellule. Toutefois, si vous double-cliquez sur une cellule et que vous vous rendez compte que vous avez fait une erreur, vous pouvez facilement la corriger en tapant la nouvelle information. Vous pouvez également apporter des modifications en cliquant une fois sur la cellule, puis sur la barre de formule.

Home	Insert	Draw	Page Layout	Formulas	Data	Review

Calibri (Body) ⌄ | 12 ⌄ | A^ A⌄ | ≡ ≡ ≡

B *I* U ⌄ | ⊞ ⌄ | ◇ ⌄ A ⌄ | ≡ ≡ ≡

A2 | ✕ ✓ | *fx* | Name

	A	B	C	D	E	F	G
1	School Record						
2	Name	Age	Sex				
3							
4							
5							

CHAPITRE 4

Utilisation des Lignes et des Colonnes

Apportez les modifications nécessaires à votre feuille de calcul pour que votre travail soit présentable. Les cellules de la feuille de calcul sont disposées en lignes et en colonnes. Il est également possible d'ajuster manuellement ou mécaniquement la largeur des lignes et la hauteur des colonnes en fonction de vos données, ainsi que de les supprimer, si nécessaire. La taille variable des cellules pour accommoder le texte. Lorsque votre texte est trop long pour tenir dans une seule cellule, il semble se chevaucher mais reste en réalité dans la même cellule. Ci-dessous, les cellules A1 et B2 sont adjacentes et se chevauchent. Toutefois, vous devrez peut-être modifier la largeur de la colonne ou de la ligne pour que le contenu apparaisse correctement. La méthode la plus simple consiste à permettre à Excel de décider automatiquement comment modifier la taille des cellules en fonction des données. C'est ce qu'on appelle dans Excel Autofit.

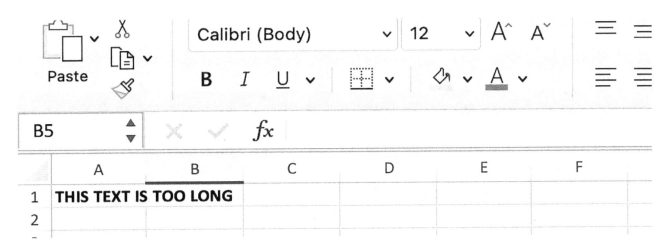

Cela fonctionne à la fois pour les paramètres de hauteur de ligne et de largeur de colonne. En passant la souris sur les limites de la ligne, celle-ci s'adaptera automatiquement au contenu. Pour effectuer un double clic, votre souris se transforme en icône, comme deux flèches. Votre texte sera

votre texte sera formaté mécaniquement pour s'adapter à la largeur de la ligne. Cette fonction est très utile lorsque vous devez faire tenir beaucoup de texte dans une seule cellule. Placez votre curseur vers la limite des lettres de la colonne, et la colonne s'adaptera immédiatement à votre écran. Pour effectuer un double clic, votre souris se transforme en icône, comme deux flèches.

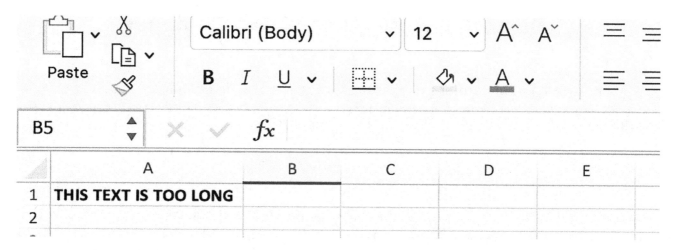

Votre texte s'adaptera à la colonne. Cette fonction est très utile lorsque vous devez faire entrer beaucoup de texte dans une cellule. L'onglet Accueil offre également la possibilité d'ajuster automatiquement les lignes et les colonnes. Pour ce faire, il suffit de cliquer sur l'onglet Accueil, puis sur la (les) colonne(s) ou la (les) ligne(s) concernée(s). Sélectionnez Format dans le sous-menu Cellules, puis Ajustement automatique de la hauteur de la ligne ou Ajustement automatique de la largeur de la colonne dans le menu déroulant qui s'affiche.

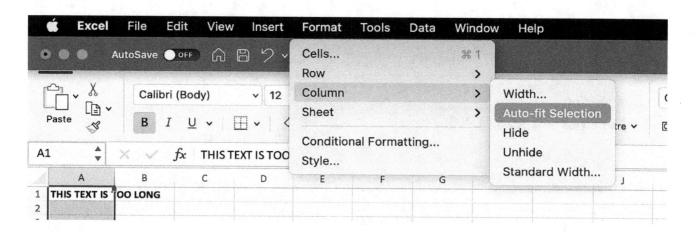

4.1 Insertion de nouveaux tableaux, colonnes et lignes

L'insertion d'une nouvelle ligne nécessite les étapes suivantes :

- Pour insérer une nouvelle ligne, choisissez la position souhaitée en cliquant avec le bouton droit de la souris.

- Cliquez sur le bouton "Insérer".

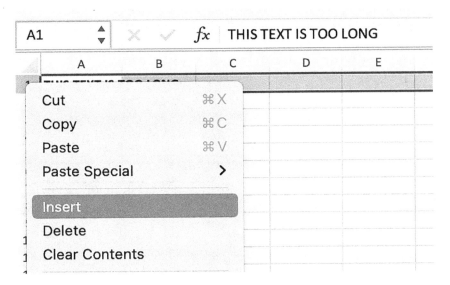

Si vous souhaitez inclure une nouvelle colonne:

- Pour ajouter une nouvelle colonne, cliquez avec le bouton droit de la souris sur la lettre de la colonne que vous souhaitez développer.

- Sélectionnez "Insérer" pour commencer à ajouter des colonnes.

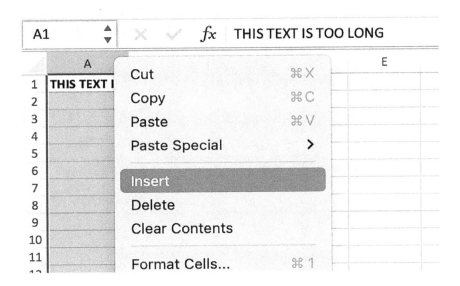

4.2 Suppression de Lignes et de Colonnes

Si vous supprimez une ligne ou une colonne, tout ce qui se trouve dans cette ligne ou cette colonne sera également effacé. Si vous souhaitez simplement supprimer une partie des informations d'une ligne ou d'une colonne, vous pouvez le faire en supprimant cette cellule.

Pour supprimer une ligne

- Pour supprimer une ligne, sélectionnez-la et cliquez dessus avec le bouton droit de la souris.

- Sélectionnez "Supprimer" dans le menu déroulant.

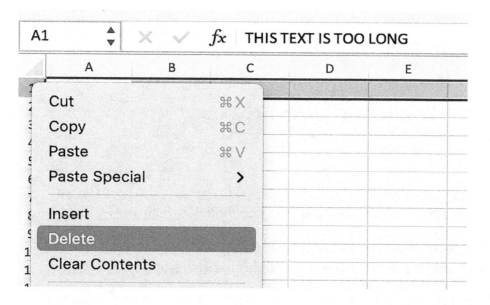

Pour supprimer une colonne

- Pour supprimer une lettre d'une colonne, cliquez dessus avec le bouton droit de la souris et choisissez "Supprimer".

- Sélectionnez "Supprimer" dans le menu.

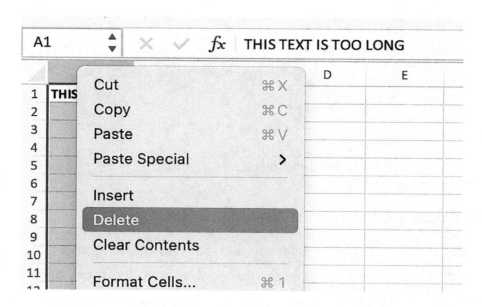

CHAPITRE 5

Édition et Mise en Forme des Textes

Édition

L'INFORMATION que vous avez précédemment introduite dans une cellule peut être éditée de deux façons : soit en passant le curseur sur la position de la cellule et en la sélectionnant, soit en utilisant la barre de formule. Au cours de votre travail, vous avez peut-être observé que la barre de formule se met à jour en fonction du texte que vous saisissez. Pour modifier les données contenues dans la cellule, vous pouvez soit utiliser la barre de formule, soit utiliser la touche "F2" (sous Windows) pour activer la cellule, ce qui vous permettra de modifier les données.

Mise en forme

Le contenu de chaque cellule de votre travail utilisant par défaut la même présentation, il peut être difficile de comprendre une feuille de calcul contenant une quantité excessive d'informations en raison de la mise en forme. Votre travail aura un attrait supplémentaire en utilisant un formatage de base, qui est également efficace pour la modification. De ce fait, le sujet de votre travail sera plus facile à comprendre pour les autres. Voici une liste d'outils de mise en forme que vous pouvez utiliser pour donner à votre travail un aspect plus présentable:

- Polices de caractères
- Centrage et alignement du texte
- Les limites des cellules ainsi que les couleurs de remplissage
- Un peintre qui travaille dans des formats
- Styles de cellules
- Utilisation du gras, de l'italique et du souligné

Ceux qui connaissent Microsoft Word savent que l'utilisation des options de mise en forme en gras, italique et souligné est une procédure relativement simple qui donne l'impression que votre travail est bien formé. Si vous jetez un coup d'œil au ruban Accueil, vous verrez qu'il y a des symboles pour B, I et U. Les lettres B, I et U indiquent respectivement l'utilisation du gras, de l'italique et du souligné. Pour modifier le texte d'une cellule à l'aide de B, I ou U, sélectionnez d'abord la ou les cellules contenant le texte à modifier, puis cliquez sur l'une des trois icônes. L'effet sera appliqué au texte sans aucune intervention de la part de l'utilisateur. Les modifications de la cellule choisie peuvent également être effectuées à l'aide de raccourcis clavier tels que **CTRL + B ou Commande + B pour le gras, CTRL + I ou Commande + I pour l'italique, et CTRL + U ou Commande + U pour le soulignement (s).**

5.1 Utilisation des opérations Fusionner et Centrer

Il est parfois utile de combiner plusieurs cellules en une seule, notamment si vous devez inclure un titre dans votre feuille de calcul pour illustrer quelque chose correctement. En procédant ainsi, de nombreuses cellules d'une ligne seront combinées en une seule cellule, dans laquelle vous pourrez ensuite saisir votre texte. Dans l'onglet Accueil des rubans, vous avez le choix entre Fusionner et Centrer. Il existe d'autres méthodes pour fusionner les cellules ; en sélectionnant "Fusionner et centrer", vous combinez les cellules que vous avez sélectionnées et centrez votre texte, tandis qu'en sélectionnant "Fusionner et croiser", vous combinez simplement les cellules que vous avez sélectionnées sans affecter l'alignement de quelque manière que ce soit. Pour séparer les cellules qui ont été fusionnées, utilisez l'option "Défaire les cellules". Pour combiner des cellules, mettez d'abord en surbrillance les cellules que vous souhaitez fusionner, puis choisissez l'option "Fusionner et centrer" dans le menu déroulant qui s'affiche. L'intitulé de ma feuille de calcul i sera "Ventes hebdomadaires", comme le montre l'image ci-dessous. Après avoir cliqué sur le bouton "Fusionner et centrer", les cellules mises en évidence seront automatiquement fusionnées et les données seront placées dans la nouvelle cellule générée à la suite de la fusion. Vous pouvez souhaiter styliser votre nouvel en-tête, alors allez-y et appliquez les caractères gras, italiques et soulignés qui vous conviennent. Vous pouvez également ajuster le type et la taille de la police comme bon vous semble. Avant de procéder à la fusion, vérifiez que toutes vos données sont présentes dans la première cellule, car toute information effacée au cours du processus de fusion ne pourra plus jamais être récupérée. Néanmoins, vous pouvez annuler vos activités jusqu'au moment où vous enregistrez et fermez votre document. Pour défaire des cellules qui ont été fusionnées pour une raison quelconque, cliquez sur la cellule qui a été fusionnée, puis sur la flèche située à côté des mots "Fusionner et centrer" sur le ruban Accueil, et choisissez "Défaire les cellules".

5.2 Alignement des données

Aligner vos données implique de les structurer. Vous avez la possibilité d'arranger les données contenues dans vos cellules et de les garder à gauche, à droite, au centre ou de les justifier. Vous pouvez également les placer en haut, au centre ou en bas. Vous pouvez également rendre l'indentation plus ou moins profonde. Par ailleurs, vous trouverez chacune de ces options dans l'onglet Accueil du ruban. Si plusieurs cellules doivent être alignées, choisissez la ou les cellules à aligner en premier. Ensuite, décidez si vous voulez aligner la gauche, le centre ou la droite. Les données sont maintenant alignées à gauche dans l'exemple ci-dessous. Utilisez les autres types d'alignement pour vos besoins afin de mieux comprendre le fonctionnement de chacun d'entre eux.

CHAPITRE 6

Graphiques, Fonctions et Formules

6.1 Graphiques

LORSQUE l'on recherche des schémas dans un ensemble d'informations ou de données présentées en colonnes et en lignes, on utilise souvent des graphiques.

6.2 Différents types de graphiques

Voici une liste des différents types de graphiques et de leurs applications :

Graphique circulaire

Vous pouvez démontrer et quantifier une comparaison numérique d'éléments à l'aide de diagrammes circulaires, qui sont disponibles à l'utilisation. Dans ce type de graphique, les données sont présentées sous forme circulaire et, le plus souvent, sous forme de pourcentage.

Graphiques à barres

Les diagrammes à barres sont une forme de diagramme qui peut être utilisée pour représenter des valeurs et les comparer entre elles. La comparaison s'effectue à l'aide de catégories et les valeurs sont le plus souvent représentées sous forme de barres rectangulaires dont la longueur est directement proportionnelle aux valeurs qu'elles représentent.

Graphiques en colonnes

Il s'agit d'outils utiles pour afficher et quantifier la comparaison numérique d'une variété d'éléments différents. d'une variété d'éléments différents. Afin de mieux mettre en évidence les données affichées, ce graphique utilise des barres rectangulaires verticales.

Graphiques linéaires

Ce type de graphique est également appelé graphique linéaire. Ce graphique peut être utilisé pour comparer plus d'un élément de données en constituant plus d'une ligne, ou il peut être utilisé pour comparer un seul ensemble de données à un autre.

Graphiques combinés

Ce graphique prend des données de plusieurs catégories et les combine en une seule représentation visuelle. Il s'agit d'un graphique combiné, d'où l'abréviation "combo". Il est utilisé pour combiner les qualités du diagramme à barres avec les propriétés du diagramme linéaire.

6.3 Création d'un Graphique

Pour créer un graphique, il faut:

- Déterminez et choisissez les informations ou les données qui serviront de base au graphique qui sera préparé pour vous.

- Sélectionnez un graphique dans le menu déroulant de l'onglet Insertion.

- Vous pouvez choisir n'importe lequel des graphiques proposés en faisant défiler la liste et en cliquant dessus. Voyez à quoi ressemblent vos données.

6.4 Formulas

Excel est préchargé avec ses propres formules uniques pour résoudre une variété de problèmes, similaires aux formules mathématiques simples qui étaient disponibles lorsque vous étiez encore à l'école élémentaire et qui étaient utilisées pour résoudre des problèmes. Les expressions sont la forme que prennent ces formules et elles opèrent sur les valeurs contenues dans une cellule. Les quatre opérations mathématiques fondamentales qui peuvent être effectuées dans Excel sont l'addition, la soustraction, la division et la multiplication. Excel facilite l'addition de nombres ; il suffit d'entrer le symbole "=", les nombres et le signe "+" entre eux, puis d'appuyer sur la touche Entrée. Le total s'affiche dans la cellule correspondante. Vous pouvez également additionner les valeurs des cellules en mettant simplement le signe égal ("="), les noms des cellules, puis le signe plus ("+") pour les séparer. Ensuite, le résultat de l'addition des valeurs contenues dans chaque cellule s'affiche lorsque vous appuyez sur la touche "Entrée" de votre clavier.

6.5 Fonctions

Les fonctions Excel sont des formules dont la complexité a déjà été réduite à un niveau gérable. Lors de l'utilisation d'une fonction, la fonction elle-même doit être introduite dans la cellule dans laquelle le résultat souhaité doit être affiché. Vous pouvez, par exemple, décider de calculer le total d'une colonne de votre feuille de calcul. La fonction SOMME a été ajoutée dans la toute dernière cellule (G10) et la formule se lit comme suit : =SUM(G3:G9). Cela représente la valeur totale des cellules G3, G4, G5,..., et G9. Ensuite, vous devez valider la fonction en appuyant sur le bouton "Enter". Cette approche peut être utilisée pour une variété de tâches. T Voici une liste de fonctions fondamentales que vous pouvez inclure dans votre flux de travail Excel flux de travail Excel:

SOMME

=SUM(nom de la première cellule : nom de la dernière cellule)

MOYENNE

=Moyenne(nom de la première cellule : nom de la dernière cellule)

IF

=IF(test logique, valeur si vrai, valeur si faux)

SUMIFS

=SUMIFS(plage de somme, plage de critères 1, critères 1, ...)

COUNTIFS

=COUNTIFS(plage de critères 1, critères 1, ...)

TRIM

=TRIM(texte)

CONCATENAT

=CONCATENATE(texte 1, texte 2, texte 3, ...,)

VLOOKUP

=VLOOKUP(valeur de recherche, tableau, numéro d'index de colonne, plage de recherche)

CHAPITRE 7

Enregistrement et Impression du Document

7.1 Sauvegarde de vos documents

LORSQUE VOUS TRAVAILLEZ sur un document, il se peut que vous ayez besoin de faire une pause de temps en temps, que votre travail soit terminé ou non. Vous avez la possibilité de sauvegarder vos documents soit pendant que vous travaillez, soit après avoir terminé. La première option est celle qui est souvent utilisée lorsqu'il est nécessaire de sauvegarder l'état d'avancement d'un travail pour y revenir plus tard. Néanmoins, vous devez savoir que votre document sera sauvegardé sans intervention de votre part à intervalles réguliers. La seule option dont vous disposez est d'enregistrer sous, ce qui vous permettra de sauvegarder votre document dans un dossier particulier de OneDrive. Voici quelques-unes des mesures qui peuvent être prises pour préserver votre travail:

- Dans le coin supérieur gauche de votre écran, vous verrez un onglet intitulé "Fichier". Déplacez votre pointeur sur cet onglet.

- Une fois le menu ouvert, plusieurs choix s'offrent à vous.

- Choisissez un type de fichier pour l'enregistrer.

- Vous verrez une fenêtre qui vous permettra de choisir l'emplacement où vous souhaitez que votre document soit stocké.

- Il vous suffit de cliquer sur le bouton Enregistrer pour sauvegarder votre travail.

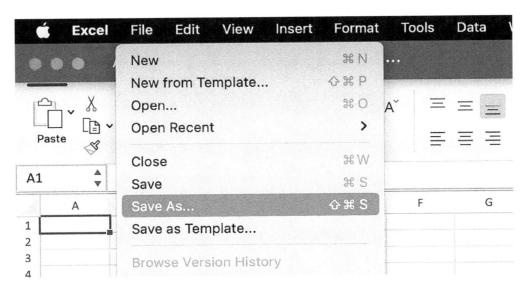

7.2 Impression du document

Lorsque tout est terminé et prêt, vous pouvez décider de donner une copie tangible de votre document, ce que vous pouvez faire en l'imprimant. Suivez les étapes décrites ci-dessous:

- Pour imprimer le document, allez dans le menu "Fichier" et choisissez "Imprimer".

- Vous verrez apparaître une fenêtre de dialogue qui vous permettra de prévisualiser votre document.

- Après avoir sélectionné le nombre de copies à imprimer, cliquez sur le bouton "imprimer".

LIVRE 3 : MICROSOFT WORD 2024

INTRODUCTION

L'un des outils les plus connus produits par Microsoft est Word. Word est utilisé dans de nombreux contextes différents, notamment dans les établissements d'enseignement, les entreprises, les administrations et bien d'autres encore,

les entreprises, les administrations et bien d'autres encore. Dans la plupart des cas, la version traditionnelle de Microsoft Word est accessible sous Windows 10 en sélectionnant le menu "Démarrer", en trouvant l'application "Word" dans la liste des programmes disponibles et en cliquant sur le bouton "Ouvrir". Ce livre vous apprendra des raccourcis clavier et d'autres instructions qui feront de vous un utilisateur plus efficace de Microsoft Word 365. Tout dans ce livre a été écrit dans un seul but: vous permettre de quitter le travail plus tôt et de rentrer chez vous par un chemin plus tranquille et pittoresque. À partir de maintenant, vous apprendrez à construire de nouvelles vues de documents et à modifier celles qui existent déjà. Vous vous familiariserez avec les compétences nécessaires pour marquer votre position dans de longs documents, sélectionner du texte et naviguer entre les emplacements. Vous apprendrez également à insérer un document dans un autre, à vous faire lire Word à haute voix et à concevoir des formulaires de saisie de données pour simplifier la transmission d'informations.

CHAPITRE 1

Création de Documents et Utilisation de Modèles

L A PREMIÈRE ET PRINCIPALE étape à franchir avant de commencer à utiliser Word 365 est d'y accéder ou de le télécharger sur votre système. Si vous n'avez pas accès à Word 365, vos options et fonctionnalités seront limitées à l'affichage. L'option d'édition ne sera débloquée qu'une fois que votre programme aura été installé avec succès et que vous vous serez connecté à l'aide de vos identifiants Microsoft.

1.1 Accéder à Word 365

Étant donné qu'il est accessible via l'internet, Office 365 Word se distingue de la version traditionnelle de Microsoft Word qui est installée sur les ordinateurs Windows et Mac. Vous avez accès à l'application en ligne si vous utilisez un navigateur web, qui devrait déjà être installé sur votre ordinateur. Cela vous permettra d'effectuer cette tâche correctement. Il vous suffit de vous connecter à votre compte Office 365 et de choisir l'icône Word située dans la barre latérale pour avoir accès au programme. Après cela, un site web se chargera pour vous qui a quelques choix différents pour vous aider à démarrer. Vous pouvez créer un nouveau document en cliquant sur "Nouveau document vierge", choisir un modèle à utiliser ou obtenir plus de modèles en cliquant sur "Plus de modèles", télécharger des documents précédents pour les éditer en cliquant sur "Télécharger et ouvrir", et accéder aux fichiers récemment utilisés, épinglés et partagés à partir de cette section.

1.2 Option de modèle

Les modèles vous fournissent un cadre et une mise en page déjà définis, ce qui vous permet de gagner beaucoup de temps. Ils vous permettent de créer des documents qui utilisent des normes de formatage comparables sans effort de votre part. Lorsque vous créez un nouveau document, au lieu de commencer par une feuille de papier vierge, vous avez la possibilité de choisir le modèle que vous souhaitez utiliser. L'utilisation de modèles est avantageuse car ils contiennent déjà tous les styles et formats nécessaires. Pour utiliser le modèle de votre choix, veuillez suivre les étapes ci-dessous:

- Après avoir cliqué sur le symbole Word dans la barre latérale, choisissez "Plus de modèles"

- dans le menu déroulant qui apparaît.

- La section en surbrillance du nouvel écran s'affiche et présente une liste de modèles.

- Vous pouvez parcourir tous les modèles disponibles et choisir celui qui correspond le mieux aux besoins de votre projet.

- Il vous suffit d'insérer votre propre texte à la place de celui qui figure sur le modèle.

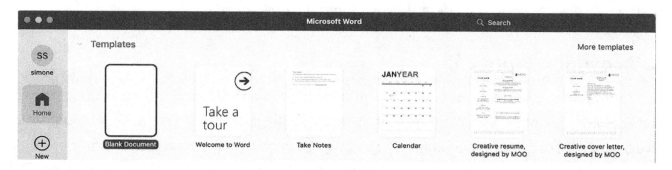

1.3 Inserting Blank Page

Au lieu d'utiliser des modèles, vous pouvez construire une page vierge en suivant les méthodes décrites ci-dessous:

- Après avoir cliqué sur l'icône Word dans la barre latérale, allez dans le menu "Fichier" et choisissez "Nouveau document vierge".

- Vous devriez maintenant être face à une page blanche.

En outre, si vous êtes en train de travailler sur un document et que vous souhaitez en créer un nouveau, il vous suffit de cliquer sur le menu Fichier et de choisir "Nouveau" dans le menu déroulant qui apparaît. Ensuite, choisissez "Nouveau document vierge" dans le menu.

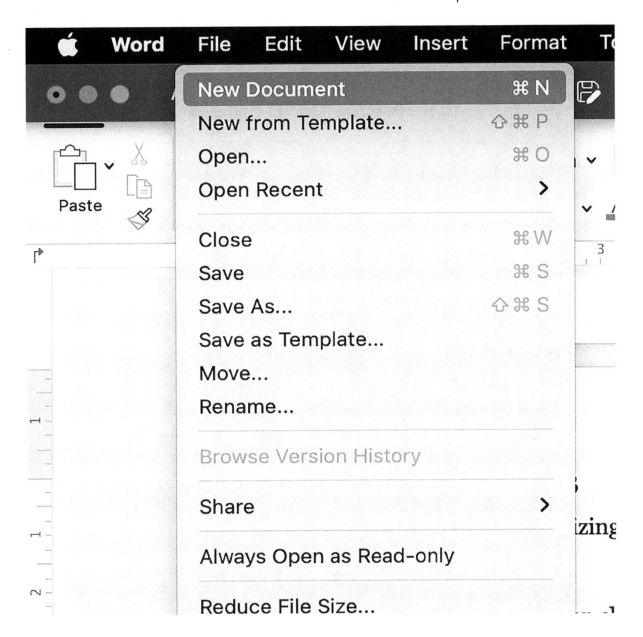

CHAPITRE 2

L'interface de la Parole

'INTERFACE UTILISATEUR de la version Web de Word est assez similaire à celle de l'édition traditionnelle de Microsoft Word. La différence la plus importante est que pour utiliser la version en ligne, vous devez disposer d'un navigateur web et d'une connexion internet active. Les menus, les rubans, les groupes et la page de document proprement dite sont les éléments qui composent l'interface de Word. En commençant par les menus, nous allons examiner chacun de ces éléments séparément.

2.1 The Document Title

Elle se trouve dans le coin supérieur gauche de l'interface utilisateur. Lorsque vous créez un nouveau fichier, Windows lui attribue le nom par défaut Document 1, suivi de Document 2, Document 3, etc. Il est toutefois fortement recommandé de modifier le nom de votre fichier afin qu'il soit plus convivial. Il suffit de cliquer sur le bouton "Titre", situé tout en haut de l'interface de Word, pour modifier le nom de votre fichier. Saisissez le nouveau nom, puis choisissez l'emplacement dans le nuage Microsoft où vous souhaitez que le fichier soit stocké (OneDrive).

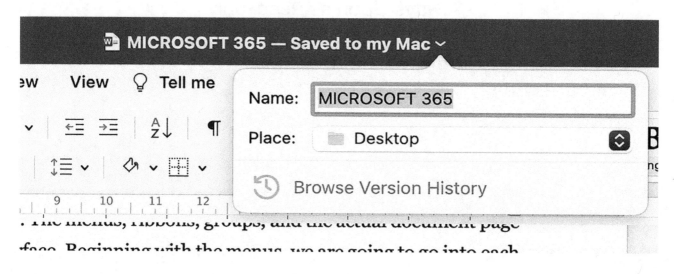

2.2 Various Menus

La plupart des commandes que vous utiliserez régulièrement dans Word se trouvent dans les différents menus. Ils se trouvent tout en haut de l'interface utilisateur de Word. Ils sont appelés respectivement "Fichier", "Accueil", "Insertion", "Mise en page", "Références", "Révision" et "Affichage". Les nombreuses fonctionnalités de chaque menu sont détaillées ci-dessous.

Fichier

Il s'agit de la section du programme où vous pouvez effectuer des tâches telles que l'ouverture, la fermeture, l'enregistrement et l'impression de fichiers.

Accueil

Il s'agit de l'emplacement à partir duquel vous effectuez des tâches telles que le formatage, l'édition, le découpage, la copie, l'effacement et la sélection des pages de votre document.

Insertion

Il s'agit de la section de la page du document où vous pouvez effectuer des opérations telles que l'insertion de sauts de page, de photos, de tableaux, d'en-têtes et de pieds de page, de numéros de page, de symboles, etc.

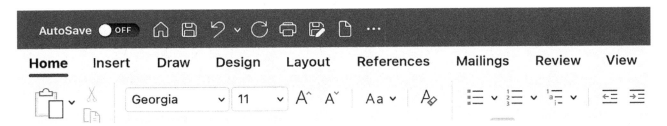

Mise en page

C'est ici que vous effectuerez la configuration des pages du document. Dans cette section, vous trouverez des options pour ajuster la taille de votre papier, l'orientation de votre papier, les marges, l'indentation et l'espacement.

Références

Cette section vous permet d'ajouter des tables des matières et des notes de bas de page au manuscrit sur lequel vous travaillez.

Révision

À ce stade, vous devez revérifier tout ce que vous avez accompli jusqu'à présent.

Visualiser

Cette fonction vous permet de visualiser vos documents dans différents formats. Dans ce menu, vous avez également la possibilité de zoomer sur votre document.

Aide

Si vous avez besoin d'aide avec Word, ne cherchez pas plus loin. Vous avez la possibilité de contacter directement le service d'assistance de Word, d'envoyer des commentaires, de rechercher des raccourcis clavier et de rechercher la dernière mise à jour de Word.

2.3 La zone du ruban

Il s'agit de la zone supérieure de la page pour le document, qui se trouve juste en dessous des menus. Après avoir créé ou ouvert un document, le menu Accueil est choisi par défaut, ce qui entraîne l'affichage du ruban Accueil. Onglets et icônes qui sont essentiels à la réalisation de toutes les opérations liées à Word se trouvent sur le ruban. Il y a des boutons de commande, des groupes, des onglets et des lanceurs de dialogues, et tous sont inclus dans le ruban. Pour modifier le style de votre ruban, cliquez sur la petite flèche située dans le coin supérieur droit.

CHAPITRE 3

Saisir et Supprimer des Textes

3.1 Processus de saisie d'un texte

À ce stade, vous commencerez à modifier et à développer le document que vous avez créé précédemment. Vous verrez que l'interface utilisateur du programme Word comporte une zone vide en forme de rectangle. Pour commencer à taper dans votre document, déplacez le pointeur sur la zone vide, puis cliquez sur le bouton gauche de votre souris.

Mise en page

L'option Mise en page vous permet de nettoyer, d'organiser et de présenter votre travail de manière attrayante. de présenter votre travail de manière attrayante. Pour ce faire, il vous suffit de choisir l'option Mise en page et d'effectuer les ajustements nécessaires ou conseillés.

Marges

Les marges sont un outil utile qui vous aidera à créer des espaces vides en haut, en bas, à gauche et à droite de votre page, en haut, en bas, à gauche et à droite de votre page.

Orientation du document

En ce qui concerne l'orientation du document, vous avez la possibilité de sélectionner la vue portrait ou la vue paysage.

Format

Par défaut, le format de la page est Lettre (8,5" x 11" / 21,59 cm x 27,94 cm). Néanmoins, vous avez la possibilité de choisir un format différent ou de configurer un format personnalisé si vous en avez déjà un.

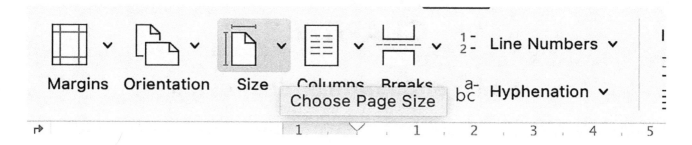

3.2 Suppression de textes

Il se peut que vous fassiez des erreurs lorsque vous tapez le texte dans votre document, et vous voudrez probablement corriger ces erreurs. Procédez comme suit : Si vous souhaitez effacer une série de mots, vous avez deux possibilités : soit vous déplacez votre souris sur ces mots et continuez à cliquer sur la touche "retour arrière" de votre clavier, soit vous pouvez soit cliquer sur ces mots et les maintenir enfoncés, puis les faire glisser pour les mettre en surbrillance. Ces deux options ont le même effet. Ensuite, pour effacer, utilisez la touche "effacement arrière" de votre clavier.

CHAPITRE 4

Édition et Mise en Forme du Texte

Lorsque vous éditez et mettez en forme du texte dans Word, vous modifiez l'aspect du texte afin d'améliorer le document. Cette opération s'effectue pour diverses raisons. Vous pouvez facilement modifier ou mettre en forme du texte en effectuant les opérations suivantes:

- La première étape consiste à sélectionner le texte à mettre en forme. Vous pouvez choisir

- un seul mot en double-cliquant dessus pour effectuer votre sélection.

- Vous pouvez sélectionner plusieurs mots à la fois en cliquant sur les mots que vous souhaitez sélectionner et en les maintenant enfoncés, puis en faisant glisser votre souris sur les mots que vous souhaitez sélectionner.

- Sélectionnez la méthode de formatage qui vous convient le mieux. Il peut s'agir de modifier la police de caractères, la couleur de la police, la taille de la police, ou même de mettre le texte en italique, en gras ou souligné.

4.1 The Font Size, Style and Color

Il est possible de générer un document utile et bien organisé en modifiant la police de caractères, la taille de la police et la couleur de la police de différentes manières.

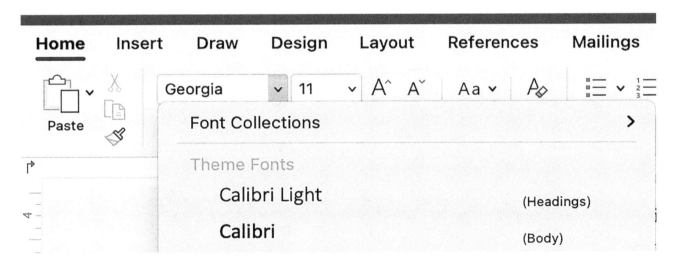

Pour modifier la police de votre texte :

- Choisissez le texte pour lequel vous voulez faire des ajustements ou modifier la police.

- Pour accéder au menu déroulant des polices, placez votre curseur sur l'onglet Accueil, puis cliquez sur la flèche située à côté du nom de la police. puis cliquez sur la flèche située à côté du nom de la police.

- Lorsque vous placez le curseur sur chaque police, vous obtenez un aperçu de cette police dans le texte choisi.

- Lorsque vous faites votre sélection, le document est automatiquement mis à jour pour refléter la nouvelle police. pour refléter la nouvelle police, en remplacement de celle qu'il avait précédemment.

- Pour modifier la taille d'une police, procédez comme suit :

- Marquez le texte que vous souhaitez modifier pour ajuster sa taille de police, puis mettez-le en surbrillance.

- Déplacez le curseur de votre souris dans la section Accueil, puis touchez le pointeur vers le bas qui se trouve à côté de l'icône de la police.

- qui se trouve à côté de la boîte de taille. Un menu déroulant s'affiche alors

- avec une variété d'options numériques.

- Vous pouvez choisir la taille de la police que vous souhaitez utiliser et le changement sera reflété dans le texte que vous avez choisi.

- dans le texte que vous avez sélectionné. Vous pouvez également utiliser votre clavier pour saisir le numéro que vous souhaitez composer, puis appuyer sur la touche Entrée de votre clavier.

- Vous avez également la possibilité d'agrandir ou de réduire la taille de la police en sélectionnant soit la grande lettre majuscule A, soit la petite lettre majuscule A située tout en haut de la page. tout en haut de la page.

To make a change to the color of a font

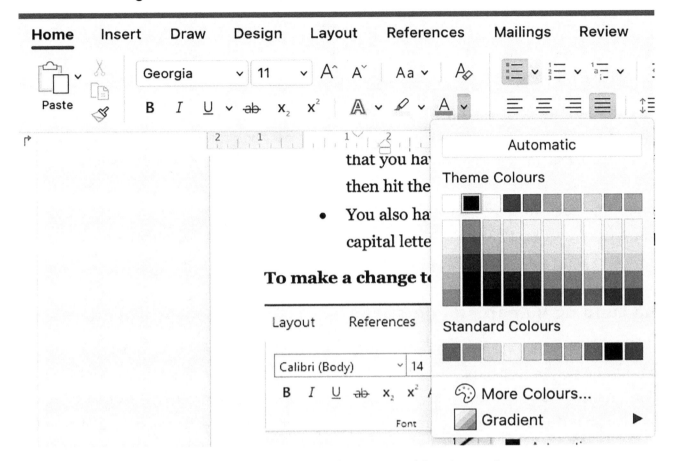

- Sélectionnez le texte dont vous souhaitez modifier la couleur.

- Vous pouvez accéder à un menu déroulant en sélectionnant la flèche située à côté de Couleur de police dans l'onglet Accueil.

- Si vous déplacez le curseur de la souris sur différentes couleurs de police, vous obtiendrez un aperçu de leur application au texte choisi. un aperçu de leur application au texte choisi.

- Vous pouvez également lancer une boîte de dialogue contenant des couleurs en cliquant sur "More Couleurs", qui se trouve en bas de la liste. Choisissez celle qui vous plaît le plus qui vous plaît le plus, puis cliquez sur le bouton OK, et la couleur du texte que vous avez choisi changera. changera de couleur.

- En outre, vous pouvez modifier la couleur utilisée pour mettre le texte en surbrillance en allant dans l'onglet Accueil, en cliquant sur la flèche et en sélectionnant la couleur de votre choix. l'onglet Accueil, en cliquant sur la flèche située à côté de l'option Couleur de surlignage du texte, puis en sélectionnant une couleur. Couleur, puis en sélectionnant une couleur dans le menu déroulant qui s'affiche.

4.2 Souligner, mettre en gras et en italique

Dans Word, vous avez la possibilité de mettre en forme votre texte en utilisant le gras, l'italique ou le soulignement. Pour atteindre l'un de ces objectifs: Marquez les mots que vous souhaitez modifier en les mettant en surbrillance.

Vous pouvez mettre en gras le texte que vous avez surligné en allant dans la zone d'accueil, en tapant sur la lettre B, qui représente le bouton gras, ou en utilisant votre clavier pour appuyer sur la combinaison CTRL/Commande. Vous pouvez mettre les mots en italique en cliquant soit sur la lettre I représentée par le bouton italique de l'onglet ou en appuyant sur les touches Ctrl/Commande + I de votre clavier. Si vous retournez à l'onglet Accueil et que vous cliquez sur la lettre U ou en appuyant sur la touche Ctrl/Commande + U de votre clavier, le texte que vous avez choisi sera mis en surbrillance.

4.3 Liste de numéros et de puces

Lorsque vous créez une liste dans Word, vous avez le choix entre le format numéroté et le format à puces. Ces deux formats facilitent la compréhension des étapes par le lecteur. Alors que les tuteurs utilisent souvent des listes à puces pour mettre en évidence les aspects les plus importants de leurs cours pour leurs étudiants, dans les manuels, les instructions étape par étape sont souvent présentées sous la forme de listes numérotées pour faciliter la tâche du lecteur.

- Pour créer une liste numérotée ou à puces dans la barre d'outils de mise en forme, cliquez sur le bouton approprié. approprié.

- Pour commencer, appuyez sur la touche numérique, suivie de la touche point (qui ressemble à un 1), puis appuyez sur la barre d'espacement.

- Après avoir saisi le premier élément de la liste, appuyez sur la touche Entrée.

- Lorsque vous passez à la ligne suivante, le numéro reprend automatiquement là où il s'est arrêté sur la ligne précédente.

- Saisissez l'élément suivant, puis appuyez sur la touche Entrée.

- Lorsque vous avez terminé d'énumérer ou de mettre des puces, appuyez deux fois sur la touche Entrée pour mettre fin à l'opération.

- Si vous déplacez le curseur à droite du numéro ou de la puce et que vous appuyez ensuite sur la touche d'effacement, vous pourrez supprimer la liste ou la puce. la touche d'effacement arrière, vous pourrez supprimer la liste ou la puce.

- – Si vous souhaitez convertir une liste numérotée en liste à puces, sélectionnez la liste entière, puis allez dans l'onglet Accueil du groupe Paragraphe et cliquez sur l'icône qui ressemble à une puce.

Outre les numéros par défaut que vous avez vus, vous pouvez également examiner la liste des numéros et des puces disponibles en cochant la boîte de dialogue des numéros et des puces. Cela vous permettra de voir tous les numéros et les puces qui sont actuellement accessibles. Après avoir fait votre Après avoir fait votre sélection, il vous suffit de cliquer sur le bouton "OK" pour l'inclure dans votre travail.

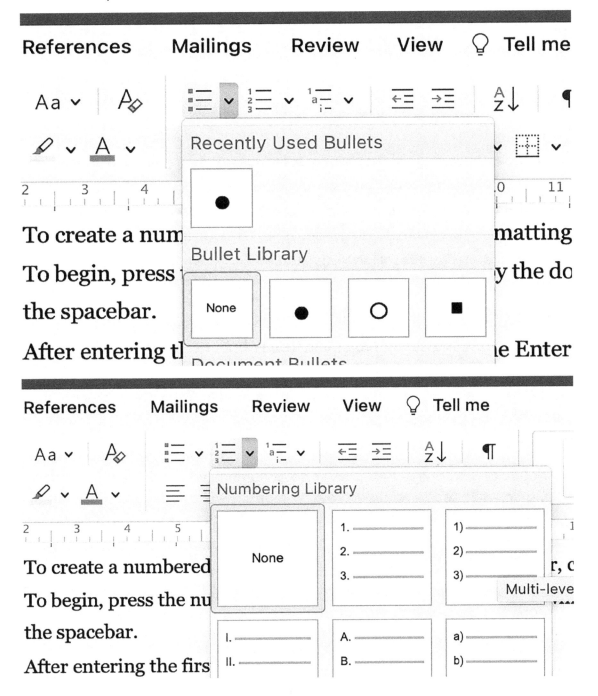

4.4 Tirets

L'indentation permet d'ajouter une structure aux parties importantes de votre page. Si vous souhaitez mettre en retrait un paragraphe entier ou une liste particulière, vous pouvez utiliser la règle horizontale pour ce faire. La seule ligne qui doit être mise en retrait avant chaque paragraphe est celle qui le précède. Cela vous aidera à distinguer visuellement chaque partie des autres dans le document. Vous pouvez également choisir de mettre en retrait toutes les lignes à l'exception de la première. Un retrait suspendu est un terme utilisé pour décrire cette action. L'utilisation de la touche Tab est une méthode rapide de mise en retrait du texte. Sur la première ligne, elle créera un retrait d'un demi-pouce de profondeur. Placez le curseur à l'endroit voulu au début de chaque section que vous souhaitez mettre en retrait. Ensuite, vous devez appuyer sur la touche Tab de votre clavier. Le texte de la première ligne sera déplacé vers la droite d'un demi-pouce lorsque cet ajustement sera effectué.

En outre, vous pouvez ajuster l'espace entre les lignes de texte d'un paragraphe en mettant le texte en surbrillance, puis en cliquant sur le bouton d'augmentation ou de réduction du retrait situé dans le groupe Paragraphe de l'onglet Accueil. La modification s'appliquera à l'ensemble du texte du paragraphe. Chaque ligne du paragraphe sera mise en retrait à gauche ou à droite, selon le style utilisé.

4.5 Developing a Table of Contents

Lorsque vous travaillez sur un projet important, il peut être difficile de se souvenir des informations présentées sur les pages. En revanche, Microsoft Word vous permet d'inclure une table des matières dans votre document, ce qui rend le processus d'organisation rapide et simple. Les étapes sont les suivantes:

- Lorsque vous utilisez un style d'en-tête qui se trouve dans l'onglet Accueil sous le groupe Styles comme titre dans votre document, vous indiquez que vous avez créé une nouvelle section dans votre document. Si vous souhaitez en savoir plus sur la manière d'y parvenir, consultez la section suivante. En outre, l'ajout d'une table des matières ne devrait pas être trop difficile.

- Une fois le style d'en-tête défini, il vous suffira de quelques clics pour saisir le contenu de votre table. Après avoir sélectionné l'onglet Références, accédez au groupe Table des matières et choisissez l'icône intitulée "Table des matières" à l'intérieur de ce groupe. La table des matières apparaîtra alors dans votre projet lorsque vous ferez votre sélection dans le menu déroulant qui apparaît à côté de la boîte contenant les tableaux préinstallés.

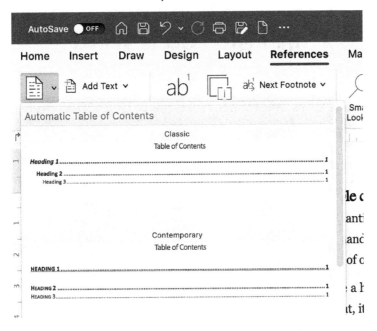

- Que vous souhaitiez modifier ou compléter votre document, la mise à jour de la table des matières est un jeu d'enfant. Cliquez sur le bouton Mettre à jour le champ une fois la table des matières mise en évidence. Choisissez l'option Mettre à jour toute la table lorsque la boîte de dialogue correspondante apparaît.

- Lorsque la mise à jour est terminée, la table des matières met en évidence les modifications apportées au document.

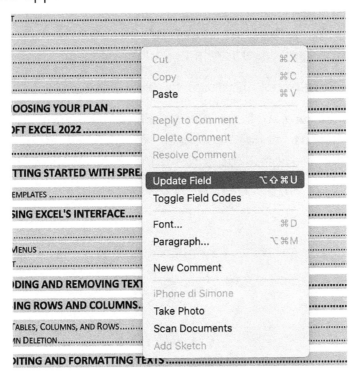

CHAPITRE 5

Insertion dans Word

Dans la plupart des pays, Microsoft Word est l'application de choix pour la production d'une variété de documents.

une variété de documents. En fin de compte, le type de travail écrit que vous voulez produire est le facteur principal qui détermine les composants que vous mettez dans votre document.

L'insertion de tableaux dans les documents est nécessaire pour répondre aux exigences de la représentation tabulaire des données (telles que les résultats, les classements et les graphiques, entre autres). La même logique s'applique aux documents qui nécessitent une représentation graphique ; dans ce cas, vous devrez incorporer des images pertinentes. Il est courant d'utiliser l'onglet "Insertion" de Microsoft Word pour insérer de nouveaux éléments dans des documents Word existants. Voici une liste d'éléments que vous pouvez inclure dans votre document Word.

5.1 Tableaux

Suivez les étapes ci-dessous pour insérer un tableau dans votre document:

- Sélectionnez l'onglet "Insertion" en cliquant dessus.

- Pour afficher le tableau, choisissez l'option "Tableau".

- Pour ce faire, cliquez sur le bouton gauche de la souris après avoir sélectionné le nombre de lignes et de colonnes à afficher dans le tableau. Presque immédiatement, le tableau apparaît dans votre document.

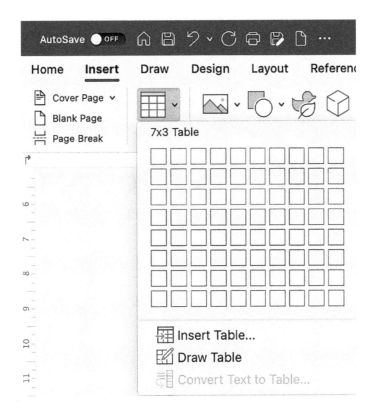

5.2 Photo

Suivez les étapes ci-dessous pour incorporer une photo ou une image dans votre document:

- Sélectionnez l'onglet "Insertion" en cliquant dessus.

- Pour voir l'image, utilisez l'option "Image".

- Veuillez choisir l'endroit où vous souhaitez insérer une image.

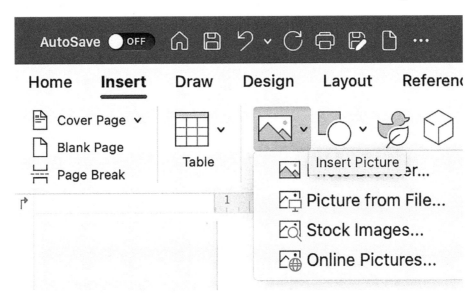

5.3 Insérer un saut de page

Suivez les étapes ci-dessous pour insérer avec succès un saut de page:

- Sélectionnez "Insérer" dans le menu déroulant.

- Pour créer un saut de page, cliquez sur le bouton "Saut de page".

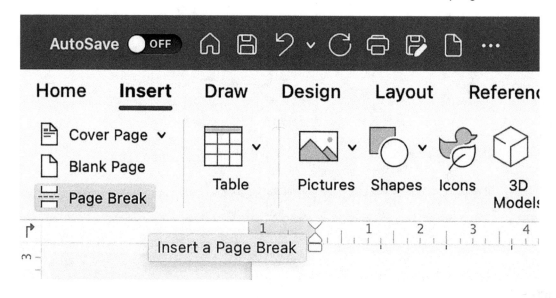

5.4 Liens

Les étapes suivantes doivent être suivies pour insérer un lien:

- Sélectionnez "Insérer" dans le menu déroulant.

- Sélectionnez le bouton "Lien" et cliquez dessus.

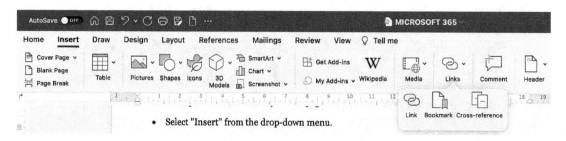

5.5 Insérer un en-tête ou un pied de page

Vous pouvez insérer un en-tête ou un pied de page en suivant les étapes décrites ci-dessous:

- Sélectionnez "Insérer" dans le menu déroulant.

- Sélectionnez le bouton "En-tête" ou "Pied de page" dans le menu.

5.6 Insérer un numéro de page

Suivez les étapes ci-dessous pour insérer un numéro de page:

- Sélectionnez "Insérer" dans le menu déroulant.

- Sélectionnez "Numéros de page" dans le menu déroulant.

- Choisissez un certain style.

CHAPITRE 6

Enregistrement et impression des Documents

6.1 Enregistrement des documents

LORSQUE VOUS TRAVAILLEZ sur un document, il se peut que vous ayez besoin de faire une pause de temps en temps, que le travail soit terminé ou non. Vous avez la possibilité de sauvegarder vos documents soit pendant que vous travaillez dessus, soit une fois que vous avez terminé. La première option est celle qui est généralement choisie lorsqu'il est nécessaire de sauvegarder l'état d'avancement d'une tâche pour y revenir plus tard. Néanmoins, vous devez savoir que votre document sera sauvegardé sans votre intervention à intervalles réguliers. La seule option disponible est d'enregistrer sous, ce qui vous permettra d'enregistrer votre document dans un dossier particulier sur OneDrive.

Voici quelques-unes des mesures qui peuvent être prises pour sauver votre travail:

- Lorsque vous placez votre curseur sur l'onglet "Fichier", situé dans le coin supérieur gauche de votre écran, un menu avec une liste de choix disponibles s'affiche.

- Choisissez un type de fichier pour l'enregistrer.

- Vous verrez une fenêtre qui vous permettra de choisir l'emplacement où vous souhaitez que votre document soit stocké.

- Il vous suffit de cliquer sur le bouton Enregistrer pour sauvegarder votre document.

6.2 Impression de documents

Lorsque tout est terminé et prêt, vous pouvez décider de donner une copie tangible à votre document. de votre document, ce que vous pouvez faire en l'imprimant. Suivez les étapes décrites ci-dessous:

- Pour imprimer le document, allez dans le menu "Fichier" et choisissez "Imprimer".

- Vous verrez une boîte de dialogue qui vous permettra de prévisualiser votre document.

- Sélectionnez le nombre d'exemplaires que vous souhaitez imprimer, puis appuyez sur le bouton "Imprimer".

LIVRE 4 : MICROSOFT POWER POINT 2024

INTRODUCTION

POWERPOINT VOUS FOURNIT tous ces avantages et bien plus encore grâce à ses règles du jeu équitables qui le rendent accessible à tous ceux qui sont conscients de leur public. PowerPoint est un programme qui permet de présenter des données en incluant du texte, des images, des animations et des effets dans les transitions entre les diapositives. Il vous permet également de construire une présentation orale à l'aide d'une collection de diapositives, ce qui vous aidera à devenir un meilleur orateur. On dit souvent que le pouvoir réside dans la vision, et avec PowerPoint, vous donnez à votre public la possibilité de visualiser. La plateforme PowerPoint d'Office 365 rassemble certaines ressources disponibles sur le web pour créer des présentations très claires sur un navigateur web.

CHAPITRE 1

Accéder à Microsoft PowerPoint 365

L A PLATE-FORME OFFICE 365 PowerPoint rassemble certaines ressources disponibles sur le web pour créer des présentations très claires sur un navigateur web. Il vous suffit de vous connecter à votre compte Office 365 et de sélectionner l'icône PowerPoint dans la barre latérale pour accéder au logiciel de présentation. Ensuite, un site web s'affichera pour vous, avec quelques choix différents pour vous aider à démarrer. Vous pouvez créer une nouvelle présentation en cliquant sur "Nouvelle présentation vierge", sélectionner un modèle à utiliser ou obtenir des modèles supplémentaires en cliquant sur "Plus de modèles", télécharger des documents précédents pour les modifier en cliquant sur "Télécharger et ouvrir", et accéder aux fichiers récemment utilisés, épinglés et partagés à partir de cette section.

CHAPITRE 2

Développement d'une nouvelle Présentation et utilisation d'un Modèle

L'UTILISATION de thèmes ou de modèles vous permet de disposer d'un cadre et d'une mise en page déjà choisis, ce qui vous fait gagner beaucoup de temps. Il vous permet de créer des présentations qui utilisent des normes de formatage comparables avec très peu d'efforts de votre part. Lorsque vous commencez une nouvelle présentation, au lieu de partir d'une page blanche comme vous le feriez normalement, vous avez la possibilité de choisir le thème que vous souhaitez utiliser. L'un des avantages de l'adoption de thèmes est qu'ils intègrent déjà toutes les informations nécessaires en matière de formatage et de style. Vous pouvez utiliser le thème de votre choix en respectant les procédures énumérées ci-dessous:

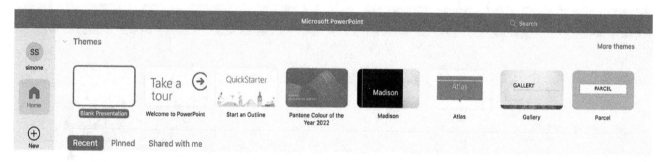

- Après avoir cliqué sur l'icône PowerPoint dans la barre latérale, choisissez "Plus de thèmes" dans le menu déroulant qui apparaît.

- La section en surbrillance du nouvel écran s'affiche et présente une liste de thèmes.

- Vous pouvez choisir n'importe lequel des thèmes disponibles pour votre projet en les faisant défiler.

- Remplacez le texte actuellement affiché sur les thèmes par votre propre contenu.

Si vous préférez ne pas utiliser de thèmes pour votre présentation, vous pouvez en développer un à partir de zéro en suivant les étapes ci-dessous:

- Juste après avoir cliqué sur l'icône PowerPoint dans la barre latérale, choisissez "Nouvelle présentation vierge" dans le menu déroulant qui apparaît.

- Vous êtes actuellement en possession d'une présentation vide.

- Il vous suffit de cliquer sur le menu "Fichier" et de sélectionner "Nouveau" lorsque vous travaillez sur une présentation et que vous souhaitez en créer une nouvelle. Choisissez ensuite "Nouvelle présentation vierge" dans le menu déroulant.

CHAPITRE 3

L'interface utilisée pour PowerPoint

L'INTERFACE de la version web de PowerPoint est assez similaire à celle de la version traditionnelle de Microsoft PowerPoint. La principale différence réside dans le fait que pour utiliser la version en ligne, vous devez disposer d'un navigateur web et d'une connexion internet active. La page de présentation elle-même, en plus des autres menus, rubans et groupes qui composent l'interface de PowerPoint. En commençant par les menus, nous allons examiner chacun de ces éléments séparément.

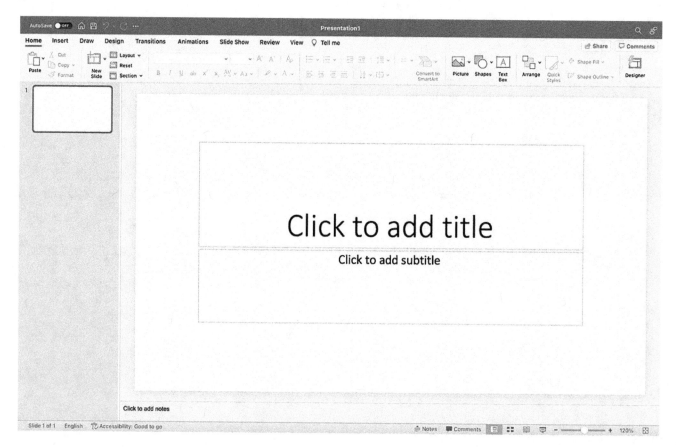

3.1 Le titre du projet

Elle se trouve dans le coin supérieur gauche de l'interface utilisateur. Les noms Présentation 1, Présentation 2, Présentation 3, etc. sont ceux qui sont attribués par défaut aux fichiers nouvellement créés lorsque vous en créez un nouveau.

Il est toutefois fortement recommandé de modifier le nom de votre fichier pour le rendre plus convivial. Pour modifier le nom de votre fichier, il vous suffit de sélectionner le bouton "Titre", situé tout en haut de l'interface utilisateur de PowerPoint. Saisissez le nouveau nom, puis choisissez l'emplacement dans le nuage Microsoft où vous souhaitez que le fichier soit stocké (OneDrive).

3.2 Menus divers

La majorité des commandes que vous utiliserez régulièrement dans PowerPoint se trouvent dans ses différents menus. Ces options se trouvent tout en haut de l'interface utilisateur. Il s'agit des options de menu Fichier, Accueil, Insertion, Dessin, Conception, Transitions, Animations, Diaporama, Révision et Affichage, ainsi que de l'option Aide. Les nombreuses fonctionnalités de chaque menu sont détaillées ci-dessous.

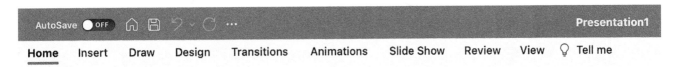

Fichier

Il s'agit de la section du programme où vous pouvez effectuer des tâches telles que l'ouverture, la fermeture, l'enregistrement et l'impression de fichiers.

Accueil

C'est ici que vous exécutez des actions telles que l'ajout de nouvelles diapositives, la mise en forme, l'édition, le découpage, la copie, l'effacement et le choix d'une diapositive de votre présentation. L'accueil est également l'endroit où vous pouvez choisir une diapositive de votre présentation.

Insertion

C'est ici que vous pouvez exécuter des opérations telles que l'insertion de nouvelles diapositives dans la diapositive de présentation. Les autres opérations comprennent l'insertion de photos, de tableaux, de formes, d'icônes, de SmartArt, de zones de texte, d'audio, de vidéo, de pieds de page, de numéros de diapositives et de symboles, entre autres.

Dessiner

Cette section fournit des outils qui vous aideront à dessiner et à effacer.

Dessin

La conception incorpore des motifs et des permutations uniques dans ses produits finis. Dans cette section, vous pouvez également personnaliser vos diapositives ; par exemple, vous pouvez modifier la taille de la diapositive et ajouter des photos ou des remplissages solides à la toile de fond.

Transitions

Cette section vous donne accès à une variété d'effets de diapositives qui peuvent être utilisés dans votre présentation.

Animations

Cette fonction vous permet également d'ajouter des effets d'animation à la diapositive sur laquelle vous travaillez.

Diaporama

Cliquez sur cette option lorsque vous êtes prêt à présenter le diaporama que vous avez préparé. Choisissez ensuite "Depuis le début" ou "Depuis la diapositive actuelle" dans le menu déroulant.

3.3 Barre de recherche

En outre, les boutons "Recherche" et "Édition/visualisation" se trouvent au centre de la barre supérieure de l'interface. Vous pouvez rechercher n'importe quoi dans PowerPoint en utilisant la boîte "Recherche", qui est également la boîte "Dites-moi ce que vous voulez faire". Le bouton "Édition" vous permet de passer du mode Édition au mode Visualisation. Le mode Edition vous permet d'apporter des modifications à votre propre travail ainsi qu'à celui d'autres personnes, à condition que vous leur en donniez la possibilité. En outre, le mode Visualisation vous permet uniquement de naviguer dans le contenu de votre fichier sans y apporter de modifications. Pendant la période où vous vérifiez votre travail, il est essentiel de basculer vos présentations en mode Visualisation. Vous éviterez ainsi d'ajouter par inadvertance à votre présentation des valeurs que vous ne souhaitez pas.

3.4 Le ruban

Il s'agit de la partie supérieure de la diapositive de la présentation, qui se trouve juste derrière les menus. Lorsque vous avez créé ou ouvert une présentation, le menu Accueil est sélectionné par défaut, ce qui entraîne l'affichage du ruban Accueil. Le ruban de PowerPoint est l'endroit où vous trouverez tous les onglets et toutes les icônes dont vous aurez besoin pour accomplir vos différentes tâches. Les onglets, les boutons de commande, les groupes et les lanceurs de conversation sont quelques-uns des éléments qui composent le ruban. Il se peut que l'apparence actuelle de votre ruban ne vous convienne pas. Pour modifier l'apparence de votre ruban, cliquez sur la petite flèche située dans le coin supérieur droit.

CHAPITRE 4

Conception d'une Nouvelle Diapositive

Lorsque vous commencez avec une présentation vierge, vous n'avez au départ qu'une seule diapositive à utiliser comme diapositive de titre et de sous-titre. Par la suite, vous inclurez d'autres éléments dans votre présentation. Pour ce faire, vous devrez développer d'autres diapositives.

4.1 Création d'une diapositive vierge

Pour créer une nouvelle diapositive, procédez comme suit:

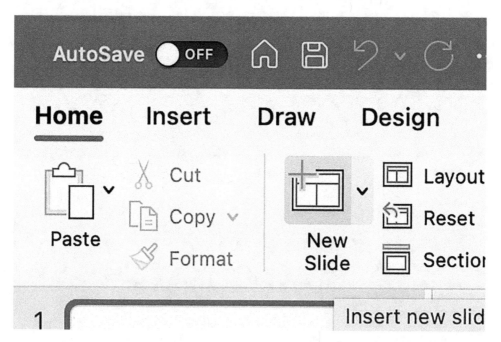

- Pour créer une nouvelle diapositive, choisissez "Nouvelle diapositive" dans le menu Accueil.

- Choisissez ensuite un format pour votre diapositive, puis cliquez sur le bouton "Ajouter une diapositive".

- Les diapositives de votre présentation s'affichent dans le volet situé à gauche de l'interface.

- Lorsque vous créez une nouvelle diapositive, elle sera souvent produite sous la diapositive actuellement choisie dans la présentation.

4.2 Ajout d'un thème de conception

PowerPoint Online ne permet pas aux utilisateurs de stocker leurs thèmes personnalisés. Cependant, il dispose de ses propres thèmes, chacun d'entre eux étant préconçu avec une mise en page, une palette de couleurs et une famille de polices particulières. Si vous choisissez l'un de ces thèmes, les modifications seront appliquées à chacune de vos diapositives. Vous pouvez facilement appliquer un thème à une présentation en cliquant sur l'onglet "Conception" au début de la présentation, puis en sélectionnant un thème dans la liste d'options "Thèmes" qui s'affiche.

Suivez ces étapes si vous avez une présentation existante et que vous souhaitez en modifier la conception, le thème ou la palette de couleurs:

- Naviguez jusqu'à l'onglet Design et choisissez une couleur ou une variante dans le menu déroulant Groupe de variantes. Variantes dans le menu déroulant.

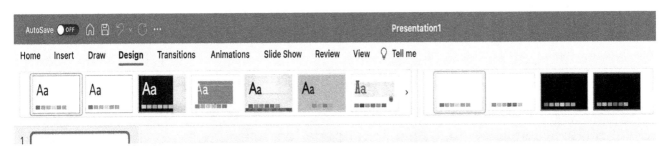

- Lorsque vous créez de nouvelles diapositives, vous avez la possibilité d'appliquer une variété de styles à ces diapositives en choisissant l'icône Designer située sur la page d'accueil. Une fenêtre de navigation présentant plusieurs styles apparaît alors sur le côté droit de l'écran.

- Lorsque vous créez une nouvelle diapositive, choisissez un format de présentation dans le volet de navigation.

CHAPITRE 5

Saisie et mise en Forme du Texte

POWERPOINT EST SOUVENT considéré comme l'un des formats de présentation les plus efficaces. Les informations que vous fournissez doivent contenir des mots, et ces mots doivent être intéressants et utiles pour les personnes qui les lisent. Après avoir élaboré votre présentation, l'étape suivante consiste à ajouter quelques phrases pour lui donner un certain contexte.

5.1 Ajout de texte

Votre présentation commence par la première diapositive, qui comprend deux zones de texte destinées, par défaut, au sujet de la présentation et au créateur de la présentation. Pour ajouter du texte aux zones de texte, cliquez dans la zone et saisissez le texte que vous souhaitez ajouter. Cliquez sur l'onglet Insertion, puis sélectionnez Zone de texte dans le menu déroulant pour ajouter d'autres zones de texte à votre présentation. Vous pouvez ajouter du texte supplémentaire en utilisant cette fonction.

5.2 La mise en forme du texte

La manière de présenter les choses est très importante. Vous avez tout intérêt à rendre votre présentation intéressante pour les personnes qui la regarderont. Lorsque vous mettez un texte en forme, vous l'organisez en choisissant la police, la taille de police, la couleur, l'alignement, les puces et la numérotation appropriés, ainsi que d'autres options de mise en forme. Les suggestions suivantes peuvent vous aider à mettre en forme votre texte:

- La taille de votre texte doit être suffisamment grande pour votre public tout en étant lisible. tout en étant lisible. Marquez le texte que vous souhaitez modifier, puis choisissez une police attrayante et agrandissez-le. C'est dans le groupe Police de l'onglet Accueil que vous trouverez l'option permettant de réaliser cette opération. l'option permettant d'effectuer cette opération.

- Sélectionnez le texte que vous souhaitez mettre en évidence, puis choisissez une couleur. Cependant, essayez de ne pas d'utiliser un nombre excessif de couleurs sur une diapositive. Le groupe Police de l'onglet Accueil est l'endroit où vous trouverez l'option permettant de choisir une couleur.

- Le cas échéant, mettez le texte en valeur en utilisant les options de mise en forme Gras, Italique et Souligné. pour mettre en valeur le texte. Vous pouvez également accéder à ces fonctions en accédant à l'onglet Accueil et en sélectionnant le groupe Police.

- Vos présentations ne doivent pas contenir une quantité excessive de texte.

- Avant de commencer à construire votre présentation, vous devez d'abord dactylographier tout votre matériel.

- Lorsque vous dressez une liste, choisissez l'onglet "Accueil" et utilisez les options "Puces" et "Numérotation".

5.3 Insertion dans PowerPoint

À ce stade du processus, vous commencerez à incorporer diverses formes de multimédia dans votre présentation afin de créer une représentation efficace. Vous aurez la possibilité d'inclure de nouvelles diapositives, des tableaux, des images, des formes, des icônes, des illustrations intelligentes, des compléments, des liens, des zones de texte, des pieds de page, des symboles, du son et de la vidéo.

L'insertion d'un élément dans votre PowerPoint comprend les étapes suivantes:

- Pour insérer, choisissez l'onglet Insertion. Ensuite, décidez ce que vous voulez inclure.

- Une diapositive avec un tableau se trouve plus bas.

- Il est recommandé de ne pas utiliser plus de trois éléments visuels dans chaque présentation.

5.4 Application des Transitions

Avez-vous déjà vu une présentation PowerPoint avec des effets de diapositives ? C'est ce qui se produira à la suite de la transition dans votre présentation. Elle détermine la façon dont les diapositives de votre présentation se déplacent. En introduisant des transitions entre les diapositives, vous pouvez donner un nouveau souffle à votre présentation. Pour ce faire, suivez les étapes suivantes:

- Choisissez la première diapositive dans le panneau des diapositives situé à gauche de votre écran avant de commencer la présentation.

- Choisissez simplement l'onglet Transitions, puis faites votre sélection dans le menu déroulant des possibilités d'effets à l'intérieur du groupe Transitions.

- Choisissez une transition, puis la deuxième diapositive à présenter. Continuez ainsi jusqu'à la dernière diapositive.

- Pour donner une impression plus agréable à votre présentation, essayez d'utiliser une variété de transitions pour les diapositives.

5.5 Présentation des Diapositives

- Lorsque vous avez terminé le processus de production de vos diapositives et que vous estimez que votre présentation est complète, l'étape suivante consiste à la remettre à l'organisateur. que votre présentation est complète, l'étape suivante consiste à la présenter à votre public le jour de la présentation. votre public le jour de la présentation. Pour afficher une présentation à l'aide de PowerPoint:

- Lancez le fichier que vous souhaitez présenter au public. PowerPoint ouvrira automatiquement le fichier.

- Établissez une connexion entre votre ordinateur et le projecteur.

- Cliquez sur le bouton "Diaporama" et "Lire à partir du début".

- se trouve à droite de l'interface de PowerPoint.

- Une fois le chargement de la présentation terminé, vous pouvez poursuivre Votre présentation. Pour passer d'une diapositive à l'autre, utilisez les touches fléchées gauche et droite de votre clavier.de votre clavier. Pour sortir du diaporama et revenir à l'interface PowerPoint, utilisez la touche Esc.

CHAPITRE 6

Enregistrement et impression du Document

6.1 Enregistrement du fichier

POWERPOINT ONLINE SAUVEGARDERA systématiquement et automatiquement votre travail à intervalles réguliers par défaut. Vous avez également la possibilité de sauvegarder une copie de votre travail sur votre clé USB ou sur un appareil connecté à votre ordinateur en suivant les étapes suivantes:

- Pour enregistrer votre travail, choisissez "Enregistrer sous" dans le menu Fichier.

- Après avoir choisi "Télécharger une copie", cliquez sur le bouton "Télécharger" qui apparaît dans la fenêtre contextuelle.

- Effectuez la sélection pour enregistrer votre fichier.

6.2 Impression du fichier

Lorsque tout est terminé et prêt, vous pouvez décider de donner une copie tangible de votre document, ce que vous pouvez faire en l'imprimant. Suivez les étapes décrites ci-dessous:

- Pour imprimer le document, allez dans le menu "Fichier" et choisissez "Imprimer".

- Une fenêtre de dialogue s'affiche, dans laquelle vous pouvez choisir l'aspect que vous souhaitez donner à votre document.

- Après avoir sélectionné le nombre de copies à imprimer, cliquez sur le bouton "imprimer".

LIVRE 5 : MICROSOFT ONE NOTE 2024

INTRODUCTION

Vous pouvez consulter vos notes à partir de n'importe quel appareil disposant d'une connexion internet, grâce aux fonctions de synchronisation et de sauvegarde automatisées de

aux fonctions de synchronisation et de sauvegarde automatisées de Microsoft OneNote. Si vous l'utilisez déjà sur votre ordinateur, il vous suffit de télécharger l'application, de vous connecter avec les mêmes identifiants que ceux utilisés sur votre ordinateur et de commencer à l'utiliser sur votre téléphone. OneNote, l'un des programmes de prise de notes les plus populaires, facilite la collaboration avec autant de personnes que nécessaire. Les applications soigneusement conçues par Microsoft intègrent une qualité supérieure et leur interface améliorée favorise un lien plus étroit entre les utilisateurs et leurs appareils. En outre, Microsoft fournit le meilleur logiciel de prise de notes au monde entier avec son produit OneNote. En d'autres termes, Microsoft OneNote est comme une feuille de calcul extensible à l'infini. OneNote est l'organisateur idéal puisqu'il peut remplacer tout ce qui se trouve dans le tiroir de votre bureau. En apprenant à utiliser ce programme, vous pouvez réduire votre anxiété en organisant toutes vos données (notes, graphiques, connexions, etc.). Utilisez Microsoft OneNote et tout ce qu'il a à offrir en suivant ces conseils et suggestions utiles. Les fonctionnalités de pointe du programme OneNote faciliteront une grande variété de tâches. Par exemple, vous pouvez produire des notes numériques que vous pouvez ensuite classer et relier, ou vous pouvez noter des pensées ou écrire des notes qui n'ont pas de format strict. OneNote n'est pas seulement un fantastique bloc-notes numérique, c'est aussi un puissant organisateur de données. Ce programme vous permettra d'économiser beaucoup de temps et d'efforts lorsqu'il s'agit de maintenir une base de données ordonnée d'informations vitales. Vous n'aurez jamais accès à un meilleur processeur d'idées numérique que celui-ci.

Rassembler des connaissances peut être source de chaos si vous n'avez pas mis en place un système de suivi de vos notes, réflexions, listes et documents à lire en ligne. Plus notre système de stockage est organisé, plus il sera facile de retrouver les éléments dont nous avons besoin. Toutes vos pensées, quel que soit leur format, peuvent être regroupées en un seul endroit facilement consultable à l'aide du meilleur logiciel de prise de notes. L'une des meilleures solutions disponibles est OneNote de Microsoft. Comme il dispose d'applications pour Android, iOS, macOS, Windows et le web, il peut centraliser vos données et les rendre facilement accessibles à partir de n'importe quel appareil.

CHAPITRE 1

Comment Démarrer

O NENOTE est un outil de prise de notes numérique développé par Microsoft qui peut être téléchargé gratuitement et qui peut être utilisé pour enregistrer des idées et des pensées. Il vous permet d'écrire des notes et d'ajouter du matériel à ces notes, et il conserve toutes vos notes dans le nuage. Cet outil est utile si vous prenez des notes dans une salle de classe, si vous participez à une réunion d'affaires ou si vous vivez simplement votre vie quotidienne, passez du temps avec votre famille ou planifiez un voyage, et que vous souhaitez compiler toutes ces pensées en un seul endroit.

1.1 Downloading and Accessing OneNote'

Vous vous demandez peut-être comment tirer le meilleur parti de OneNote et où le trouver sur votre ordinateur. La bonne nouvelle, c'est que OneNote est inclus dans Windows 10, donc si vous lisez ceci sur un appareil fonctionnant sous Windows 10, vous avez déjà accès à OneNote. Comment accéder à OneNote ? Vous pouvez le faire en allant dans la zone de recherche et en tapant "OneNote". Vous verrez alors que OneNote est l'élément de la liste qui correspond le mieux à ce que vous avez saisi. Vous pouvez maintenant continuer et cliquer sur cet élément, ce qui lancera le programme OneNote. Malheureusement, si vous utilisez Windows 11, ce programme ne sera pas préinstallé par défaut sur votre système. Vous pouvez obtenir OneNote en vous rendant sur le Microsoft Store, ce qui est la seule chose à faire pour atteindre cet objectif.

OneNote est également accessible depuis votre navigateur web, ce qui constitue un point d'accès supplémentaire. Vous pouvez commencer par ouvrir votre navigateur web préféré et vous rendre sur office.com une fois qu'il est ouvert. C'est de cette manière que vous accéderez à OneNote à l'avenir. Il vous suffit de vous connecter avec votre compte Microsoft après avoir cliqué sur le bouton de connexion, à condition que vous disposiez déjà d'un compte Microsoft. Vous pouvez également créer un compte Microsoft gratuit si vous n'en avez pas encore en cliquant sur l'option "nouveau compte" sur le site web de Microsoft. Comme nous l'avons mentionné précédemment, OneNote enregistre toutes vos notes dans le nuage. Puisqu'elles sont sauvegardées dans le nuage, OneNote peut synchroniser ces notes sur tous les appareils que vous utilisez. Par conséquent, si vous prenez une note sur votre téléphone, elle apparaîtra sur votre ordinateur dès qu'elle aura été créée. Vous devez vous connecter à OneNote pour que la synchronisation fonctionne, et pour ce faire, vous avez besoin d'un compte Microsoft. Ce compte peut être celui que vous utilisez au travail ou à l'école avec Office 365, ou celui que vous utilisez avec un autre service Microsoft comme Outlook ou quelque chose de similaire.

1.2 Interface utilisateur de OneNote

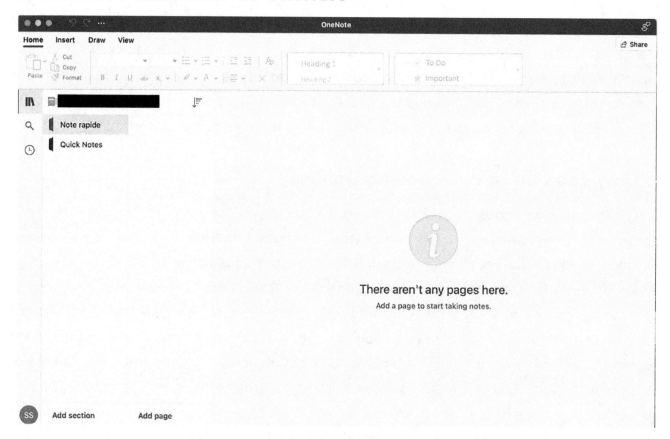

Maintenant que Mic Microsoft OneNote est installé, l'étape suivante consiste à cliquer sur l'application. Si vous lancez cette application pour la première fois, vous devrez vous connecter à l'aide de votre compte Microsoft. Si vous n'avez pas de compte Microsoft, vous pouvez cliquer sur "Créer un compte", ce qui vous conduira au site web de Microsoft, où vous pourrez créer un nouveau compte Microsoft. Si vous lancez cette application pour la première fois, vous devrez également vous connecter avec votre compte Microsoft. L'intérêt de cette application est que chaque fois que vous vous connectez à votre Microsoft OneNote, elle synchronise et télécharge automatiquement toutes les notes que vous avez créées dans le passé ; cependant, si vous l'utilisez pour la première fois, vous ne verrez aucun carnet de notes et vous devrez en créer un avant de pouvoir l'utiliser. L'apparence de OneNote est le premier sujet que je souhaite aborder concernant cette application.

Vous pouvez accéder à une fonction appelée "Afficher la navigation" en déplaçant le pointeur de votre souris dans le coin supérieur gauche de l'écran. Vous pouvez maintenant organiser vos notes de manière plus logique en cliquant dessus. Les carnets, les sections et les pages constituent respectivement les trois composants les plus importants de OneNote. Les pages sont organisées et suivies dans des sections, qui sont ensuite conservées dans des carnets. Vous pouvez voir le compte de ce carnet en haut de cette page. En dessous, sur le côté gauche de cette page, vous verrez les sections, qui comprennent les événements, les réunions, les projets, les notes rapides et la recherche. Si vous cliquez sur la barre en haut de l'écran, vous pourrez voir tous vos carnets. Vous pouvez considérer qu'il s'agit d'un véritable carnet de notes physique, et vous êtes libre de créer autant de carnets de notes uniques que vous le souhaitez. Pour créer un nouveau carnet, vous devez vous rendre dans la zone réservée aux carnets en haut de la page. Une fois que vous y serez, vous pourrez voir tous les carnets que vous possédez déjà et vous aurez la possibilité de rechercher d'autres carnets. Ensuite, vous disposerez d'un deuxième carnet, qui sera affiché tout en haut de la page, et vous pourrez y accéder en allant tout en bas de la page et en cliquant sur le bouton "Ajouter un nouveau carnet". Vous pouvez y accéder en allant tout en bas de la page et en cliquant sur le bouton "Ajouter un nouveau carnet". Cela vous permettra de donner un titre à votre carnet.

Il suffit d'appuyer dessus, de sélectionner l'autre carnet et d'appuyer à nouveau pour passer à l'autre carnet. C'est tout ce qu'il faut faire pour passer d'un carnet à l'autre. Vous pouvez créer ce que l'on appelle des sections à l'intérieur d'un carnet. Vous pouvez voir les pages qui sont incluses dans les sections si vous regardez à droite de la partie qui se trouve sous le carnet. Si vous souhaitez créer une nouvelle section à l'intérieur de ce carnet, il vous suffit de cliquer sur le bouton "Ajouter une section", puis de donner un titre à la nouvelle partie.

Ensuite, vous pouvez ajouter de nouvelles pages à la nouvelle section en cliquant sur le bouton "Ajouter une page". Lorsque vous avez une page existante et que vous cliquez sur le bouton "Créer la page", une nouvelle page est ajoutée et il ne vous reste plus qu'à en indiquer le titre dans la case située à droite de l'écran.

L'étape suivante consiste à donner un nouveau titre à cette partie, qui devrait être le chapitre un de votre travail. Supposons que cette unité comporte deux chapitres; vous pouvez créer une section supplémentaire et l'appeler chapitre deux si vous le souhaitez.

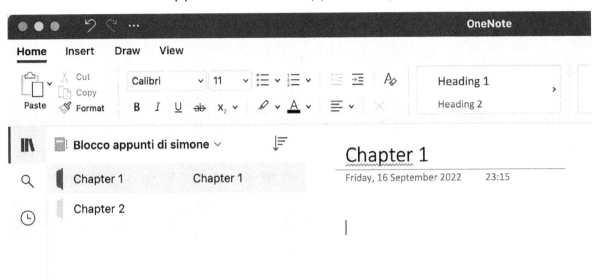

De cette façon, vous pouvez facilement placer ces chapitres dans cette unité, et si vous cliquez sur la flèche déroulante située sous l'unité un, vous pouvez voir comment ces chapitres se cachent dans cette section du sous-groupe. Ce que vous allez faire ensuite, c'est placer ces deux chapitres à l'intérieur de l'unité 1 ; pour cela, il vous suffira de les faire glisser et de les déposer à l'intérieur. Vous pouvez non seulement générer des sous-sections et des sections, mais aussi d'autres groupes. Pour ce faire, il suffit de cliquer avec le bouton droit de la souris et de choisir "Nouvelle section" dans le menu qui s'affiche.

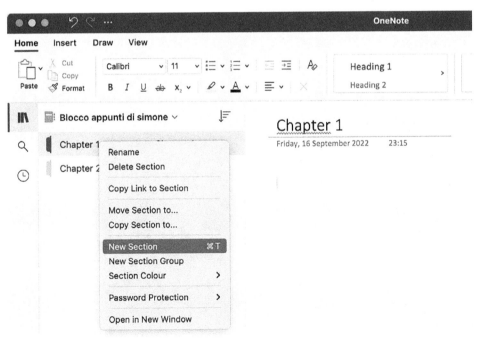

Vous pouvez voir que vous avez établi un sous-groupe ici et que vous avez placé deux parties à l'intérieur de la section de ce sous-groupe. Ensuite, vous avez créé le sous-groupe suivant et, à l'intérieur de celui-ci, vous pouvez avoir une autre section. Par conséquent, si vous souhaitez la déplacer, il vous suffit de le faire facilement.

il vous suffit de la faire glisser vers le haut ou vers le bas. Vous pouvez le faire à tout moment. Vous avez la possibilité de faire une note sur chaque page. Non seulement vous pouvez y écrire du texte, mais vous avez également la possibilité de dessiner, de griffonner ou de faire des notes manuscrites, ainsi que d'ajouter des images, des liens et des vidéos. Dans le prochain paragraphe, nous approfondirons ces sujets. Vous êtes donc libre d'organiser votre carnet de manière aussi complète ou aussi superficielle que vous le souhaitez; néanmoins, OneNote offre une multitude d'options qui vous permettent de donner à votre organisation différents niveaux, ce qui vous donne un grand contrôle à cet égard.

CHAPITRE 2

Enregistrement, synchronisation et Partage

APRÈS avoir terminé d'écrire dans votre carnet, vous pouvez prendre certaines mesures pour garantir que vous ne perdrez pas la trace de votre note. Cette section traite des mesures que vous pouvez prendre pour protéger vos carnets contre le vol ou la perte. Vous avez la possibilité de sauvegarder, d'exporter ou de partager votre carnet, des pages individuelles ou des sections avec d'autres personnes. Commençons par le début afin d'obtenir plus d'informations sur la manière dont vous pouvez atteindre ces objectifs.

2.1 Partage

Le transfert de votre carnet de notes "personnel" vers votre compte OneDrive est nécessaire si voussi vous souhaitez le rendre accessible à d'autres utilisateurs. Pour ce faire, lancez le carnet "personnel", allez dans le menu "Fichier", puis faites défiler vers le bas jusqu'à l'option "Partager". Vous obtiendrez alors un message vous invitant à partager ce carnet; vous devrez donc le télécharger sur OneDrive ou un autre service de stockage en nuage.

Si vous sélectionnez SharePoint, le fichier sera enregistré sur OneDrive sur votre ordinateur. Vous pouvez également l'explorer s'il n'est pas mentionné ici ; vous pouvez aussi nommer votre carnet et choisir "Déplacer le carnet" dans le menu. Après avoir reçu une notification vous informant que le carnet commence à se synchroniser avec le nouvel emplacement, choisissez "OK" dans le menu. Comme vous l'avez placé dans une zone où le partage est possible, vous verrez que tous les choix de partage qui vous étaient auparavant inaccessibles vous sont désormais ouverts. Cela s'explique par le fait que vous l'avez placé à un endroit où le partage n'était pas disponible auparavant.

2.2 Partage à l'aide de Microsoft OneDrive

Enfin, vous avez la possibilité de déplacer votre carnet de notes, ce qui vous est déjà familier puisque vous avez déplacé votre carnet de notes dans OneDrive plus tôt. Il n'est pas nécessaire de publier constamment l'intégralité du bloc-notes ; si vous le souhaitez, vous pouvez choisir de ne partager qu'une seule page du bloc-notes. Si vous souhaitez partager une page de votre carnet, assurez-vous d'avoir cliqué sur la page que vous souhaitez partager, puis allez dans l'onglet Accueil, et vous verrez que vous avez une option heren pour "Envoyer la page par courriel", ainsi qu'un raccourci clavier de Ctrl + Shift + E. Si vous souhaitez partager une page de votre carnet avec quelqu'un d'autre, suivez les étapes ci-dessus. Vous ouvrirez un courriel dans Outlook, joindrez le contenu de la page et pourrez ensuite choisir la personne avec laquelle vous souhaitez partager ces informations avant d'envoyer le courriel. L'opération consiste à ouvrir un courrier électronique dans Outlook. L'utilisateur reçoit un message contenant le nom du bloc-notes ainsi qu'un bouton pour l'ouvrir. S'il clique dessus, le carnet s'ouvre dans le navigateur et, si l'utilisateur apporte une modification, celle-ci est synchronisée et vous la voyez dans votre carnet, accompagnée d'une petite marque indiquant qu'elle a été apportée par l'utilisateur.

2.3 Synchronisation des données et Enregistrement

Lorsque vous partagez des carnets avec d'autres personnes, il est possible que plusieurs personnes puissent accéder et modifier le même carnet en même temps.

personnes puissent accéder au même carnet et le modifier en même temps. Il s'agit là d'un fait essentiel à garder à l'esprit. est un fait essentiel à garder à l'esprit. Par conséquent, pour garantir que les données sont mises à jour le plus rapidement possible, votre carnet de notes doit être synchronisé. Pour ce faire, choisissez l'élément de menu Fichier et assurez-vous que vous vous trouvez dans la section "Info" du menu. Vous remarquerez qu'il y a un bouton sur le côté droit qui vous permet de voir l'état de la synchronisation. En cliquant sur ce bouton, vous afficherez tous vos carnets de notes, ainsi que des informations sur leur dernière mise à jour et sur le fait qu'ils sont synchronisés ou non. L'option de synchronisation automatique en cas de modification a été présélectionnée pour vous. Si vous avez partagé ce carnet avec cinq autres personnes et qu'elles apportent toutes des modifications à ce carnet, toutes les modifications qu'elles apportent sont automatiquement synchronisées pour que vous puissiez les voir. Cela ne s'applique que si vous avez partagé ce carnet avec plus d'une personne. Si, au contraire, vous préférez synchroniser manuellement, vous avez la possibilité de le faire. Lorsque vous sélectionnez cette option, une coche apparaît sur chacun de ces carnets pour indiquer qu'ils ne se synchronisent pas pour le moment, et vous pouvez sélectionner le carnet avec lequel vous souhaitez travailler manuellement. Par conséquent, si vous cliquez sur "Synchroniser maintenant", l'icône se transformera et toutes les mises à jour effectuées depuis la dernière synchronisation seront actualisées. Si vous avez beaucoup de carnets stockés dans cette zone, il y a un seul bouton en haut qui dit "Synchroniser tout", ce qui rendra les choses beaucoup plus simples pour vous.

2.4 Sections protégées par un mot de passe

Lorsque vous partagez vos carnets avec d'autres personnes, il est possible que vous souhaitiez protéger certaines parties du carnet par un mot de passe. Cela empêche les personnes non autorisées d'accéder à certaines parties de votre carnet que vous ne voulez pas que d'autres personnes voient. Si vous souhaitez que d'autres personnes puissent voir tout ce qui se trouve dans une section, mais pas tout ce qui se trouve dans une autre section, il vous suffit de cliquer avec le bouton droit de la souris et de sélectionner "Protéger cette section par un mot de passe". Ensuite, cliquez sur "Définir le mot de passe". À partir de ce moment, même si vous partagez ce carnet, les autres personnes ne pourront pas voir ce qui se trouve dans cette section spécifique. Pour supprimer la protection, cliquez avec le bouton droit de la souris sur la zone que vous souhaitez déprotéger, revenez à "Protéger cette section par un mot de passe", sélectionnez "Supprimer le mot de passe", puis saisissez le mot de passe précédent.

CHAPITRE 3

Dactylographie et écriture

C E CHAPITRE vous fournira toutes les connaissances nécessaires pour éditer, formater et déplacer l'emplacement de vos groupes de sections personnels.

3.1 La dactylographie

La procédure de saisie dans OneNote est identique à celle que vous utilisez pour saisir du texte dans Word. pour taper dans Word. Vous pouvez cliquer presque n'importe où sur l'écran et commencer à taper. L'utilisation du terme "n'importe où" est toutefois le point le plus important. L'utilisation du terme "n'importe où" est toutefois l'aspect le plus important de ces fonctionnalités. Contrairement à Microsoft Word, où votre saisie est limitée par des marges et des règles invisibles, OneNote vous permet de cliquer n'importe où sur la page et de commencer à taper. Un petit conteneur est alors créé, mais il s'agrandit au fur et à mesure que vous écrivez. Une fois rédigée, la note peut être ramassée et déplacée à n'importe quel endroit de la page, ainsi qu'à n'importe quelle partie du carnet ou d'un autre carnet. C'est l'une des raisons pour lesquelles ce conteneur a été prévu. Lorsqu'il s'agit de prendre des notes, cela signifie qu'il n'est pas nécessaire de connaître l'emplacement spécifique de la note prise avec les autres. Une fois les notes construites, vous pourrez les déplacer et les associer à des notes similaires.

3.2 Rédaction

OneNote offre aux utilisateurs la possibilité de griffonner et de prendre des notes avec leurs deux mains, au cas où la dactylographie ne serait pas leur tasse de thé. Si vous disposez d'une tablette qui vous permet d'utiliser un stylet sur l'écran, c'est beaucoup mieux que d'avoir une tablette qui n'a pas cette capacité. cette capacité. Dans le cas contraire, ce n'est pas un problème. Regardez tout en haut de la fenêtre OneNote; il y a un menu intitulé "dessiner", et à l'intérieur de cet onglet, vous découvrirez des options permettant de tout régler, de l'épaisseur du trait à la couleur des lignes que vous dessinez. que vous dessinez. Cependant, une fois que vous avez fini de dessiner, OneNote peut transcrire le dessin, et c'est là que l'application brille vraiment.

3.3 Photos

Le processus d'importation de photographies dans OneNote est très simple. Vous trouverez l'option "Insérer une image" dans l'onglet "Insertion". Ouvrez simplement le fichier approprié en cliquant dessus, et tout sera pris en charge. La photo peut être prise, déplacée et redimensionnée comme bon vous semble, de la même manière qu'avec un conteneur.

3.4 Enregistrements vocaux

Une autre fonction utile offerte par OneNote est la possibilité d'enregistrer des sons. La procédure est très simple : il suffit de cliquer sur le bouton "Enregistrement audio", qui se trouve dans l'onglet "Insertion". Le programme commence alors à enregistrer tout seul. Un fichier audio sera ensuite ajouté à la zone et à la page appropriées.

3.5 Vidéos

OneNote est une application qui peut pratiquement tout faire. L'objectif de l'équipe de Microsoft est de rendre le processus de compilation et d'organisation des notes aussi simple et productif que possible. Sa capacité à lire des vidéos est peut-être l'exemple le plus clair de l'existence de cette caractéristique.

3.6 Équations, tableaux et grilles

La création de grilles et de tableaux est assez similaire à celle d'un document Word. Ensuite, il est possible de le ramasser et de le transporter. Vous pouvez ensuite transformer ce tableau ou cette grille en feuille de calcul Excel, une fonctionnalité exclusive de OneNote qui lui confère un avantage certain. Une fois cette opération effectuée, vous pourrez l'utiliser dans Excel. À partir de cet emplacement, vous pourrez transformer les données en un grand nombre de graphiques et de diagrammes qu'Excel rend possibles.

3.7 Pages web et hyperliens

OneNote permet aux utilisateurs de copier et de coller des URL dans l'application. Cette méthode est simple et donne de bons résultats. Cependant, il existe une approche plus efficace pour enregistrer pour plus tard les informations que l'on peut trouver sur un site web. Le téléchargement du module complémentaire est la première étape pour mener à bien ce processus. Une fois téléchargé, ce plug-in devrait s'installer automatiquement dans votre barre des tâches (cela varie en fonction du navigateur web que vous utilisez). Lorsque vous vous trouvez sur la page que vous souhaitez ajouter à OneNote, il vous suffit d'appuyer sur le bouton "clipper" dans le coin supérieur droit de l'écran. Vous accédez alors à un nouveau menu dans lequel vous avez le choix entre coller la page entière dans OneNote, découper manuellement une partie de la page ou laisser le clipper le faire à votre place. Si vous choisissez cette dernière option, vous serez redirigé hors du menu d'origine. Si vous découpez une page contenant une recette, par exemple, la fonction de découpage modifiera la page de manière à ce que seules la recette et une photo du plat soient affichées. Ensuite, le produit fini sera téléchargé dans le carnet défini par défaut, et il vous suffira de le déplacer dans la section et la page appropriées.

3.8 Personnalisation

La personnalisation de vos notes et de vos sections est la toute dernière chose que vous voudrez accomplir avant de continuer. Encore une fois, c'est quelque chose qui peut être fait rapidement et facilement, et c'est souvent une méthode pour rendre son travail plus organisé et plus accessible.

CHAPITRE 4

Groupes de Sections

L'idée d'une section et d'une sous-section tente d'être concrétisée par l'utilisation de regroupements de sections. Si vous conservez vos recettes dans un carnet et que vous constatez que vous avez un nombre excessif de recettes de desserts (est-il possible d'avoir un nombre excessif de recettes de desserts ?), vous pourriez réorganiser vos sections de manière à avoir une section pour les gâteaux, une autre pour les tartes et une autre pour les crèmes glacées. Vous pouvez ensuite placer toutes ces sections dans un groupe de sections consacré aux desserts.

4.1 Choisir une section de Groupe

Après avoir choisi votre cahier, vous devez cliquer sur le nom du groupe de sections que vous souhaitez sélectionner. Les groupes de sections sont les objets à plusieurs onglets situés à droite des onglets de section. Par ailleurs, vous ne pouvez pas modifier l'ordre dans lequel les groupes de section sont présentés, ils seront donc toujours classés par ordre alphabétique. Si vous essayez de modifier l'ordre dans lequel les groupes de sections sont présentés en faisant glisser un groupe de sections, il est possible que vous ayez en réalité déplacé un groupe de sections de telle sorte qu'il se retrouve à l'intérieur d'un autre groupe de sections. C'est un point à garder à l'esprit. N'hésitez pas à demander comment cela a été découvert.

4.2 Suppression d'un groupe de Sections

Vous pouvez supprimer un groupe de sections en le sélectionnant avec le bouton droit de la souris, en choisissant l'option de menu Supprimer, puis en confirmant que vous souhaitez transférer la section dans le dossier Notes supprimées. Cliquez sur le menu Historique, puis sur la flèche vers le bas à droite de l'élément de menu Corbeille de l'ordinateur portable, et enfin sur l'élément de menu Corbeille de l'ordinateur portable pour voir vos notes précédemment supprimées. Cliquez avec le bouton droit de la souris sur la partie que vous souhaitez restaurer, puis choisissez l'option de menu Déplacer ou Copier. Enfin, indiquez à OneNote l'endroit où vous souhaitez qu'il restaure la partie précédemment perdue, et il le fera.

AVERTISSEMENT : Les groupes de sections supprimés seront définitivement supprimés de votre compte soixante jours après avoir été déplacés dans le dossier Notes supprimées.

4.3 Modifier le nom d'un groupe de sections Existant

Il suffit de donner un nom à la nouvelle section en cliquant avec le bouton droit de la souris sur le groupe de sections, en sélectionnant l'option de menu "Renommer" et en saisissant le nom dans l'onglet qui apparaît. Si vous souhaitez renommer un groupe de sections, vous ne pouvez pas le faire en double-cliquant sur le groupe de sections, comme c'est le cas pour une section.

4.4 Décaler un des groupes de section

Vous pouvez déplacer un groupe de sections à l'intérieur d'un cahier, soit vers un autre cahier, soit vers un groupe de sections. vers un groupe de sections. Vous pouvez déplacer un groupe de sections en cliquant dessus avec le bouton droit de la souris, puis en sélectionnant l'option "Déplacer" dans le menu déroulant qui apparaît. en sélectionnant l'option "Déplacer" dans le menu déroulant qui apparaît. Après avoir sélectionné le cahier ou le groupe de sections vers lequel vous souhaitez déplacer ce groupe de sections dans la boîte de dialogue Déplacer le groupe de sections, vous pouvez alors cliquer sur le bouton Déplacer pour terminer le processus. Une fois le groupe de sections transféré, il continuera d'exister dans le cahier cible (et dans le groupe de sections cible, si vous en avez spécifié un), mais il n'existera plus à l'endroit où il était stocké à l'origine. Sur un appareil mobile, que pouvez-vous faire avec le groupe de sections que vous avez créé ? Lorsque vous examinez les sections incluses dans le carnet choisi, vous pouvez voir les groupes de sections ainsi que les parties qu'ils contiennent. Dans l'exemple des desserts présenté précédemment, vous verrez le groupe de sections Desserts avec les gâteaux, les tartes et les crèmes glacées listés en tant que sections indentées sous le groupe de sections Desserts.

4.5 Synchronisation des groupes de Sections

Pour ce faire, appuyez longuement sur le groupe de sections que vous souhaitez synchroniser, puis appuyez sur l'option de menu " Synchroniser le groupe de sections " sur l'écran qui affiche vos sections. Bien que OneNote synchronise automatiquement vos carnets, sections et groupes de sections en arrière-plan lorsqu'il détecte que vous avez effectué des modifications, vous pouvez forcer manuellement la synchronisation d'un groupe de sections entre votre appareil et OneCloud si vous en ressentez le besoin pour une raison ou une autre. Ceci est possible car OneNote vous permet de forcer manuellement la synchronisation d'un groupe de section entre votre appareil et OneCloud.

LIVRE 6 : MICROSOFT ONE DRIVE

INTRODUCTION

ONEDRIVE est un AUTRE service de stockage en nuage basé sur le web qui, en plus de vous permettre de sauvegarder vos fichiers et vos photos dans le nuage, vous donne la possibilité de les visualiser.

de sauvegarder vos fichiers et vos photos dans le nuage, vous donne la possibilité de les visualiser à partir de n'importe quel appareil, quel que soit l'endroit où vous vous trouvez.

de consulter ces fichiers et ces photos à partir de n'importe quel appareil, quel que soit l'endroit où vous vous trouvez. Même si vous deviez égarer votre téléphone ou un autre appareil sur lequel vous avez enregistré vos données sur OneDrive, vous n'auriez pas à vous inquiéter de la perte de ces fichiers puisqu'ils seraient toujours accessibles sur OneDrive. Tout ce qu'il y a à savoir sur OneDrive est inclus dans ce livre. Si vous avez enregistré vos fichiers sur OneDrive, même si vous décidez de passer à un nouveau téléphone ou appareil, vous pourrez toujours y accéder sur votre nouvel appareil. En effet, vos fichiers seront synchronisés sur tous vos appareils. Grâce au partage de fichiers, vous pourrez toujours rester en contact avec vos proches et vos amis si vous disposez de OneDrive. Il n'est pas nécessaire de joindre des fichiers volumineux à vos courriels ; tout ce que vous avez à faire pour partager vos images ou vos fichiers avec d'autres personnes, c'est de leur donner un lien dans un courriel sur lequel ils peuvent cliquer. Microsoft est l'un des titans du logiciel les plus prospères, et il est à la pointe de son secteur depuis la création de l'entreprise. OneDrive est un disque dur sous forme de nuage que vous pouvez utiliser pour stocker et partager vos fichiers, et c'est l'un des magasins en ligne que Microsoft exploite spécifiquement dans le but de fournir un stockage gratuit à ses clients. Le stockage en nuage, également connu sous le nom de Microsoft OneDrive, est un service qui permet aux utilisateurs de télécharger et de stocker des fichiers.

service qui permet aux utilisateurs de télécharger et de stocker des contenus numériques tels que des fichiers, des images et des documents en ligne, ce qui leur permet d'accéder à ces fichiers à partir de n'importe quel appareil et de n'importe quel endroit dans le monde. Les données conservées dans Microsoft OneDrive sont stockées dans le nuage et peuvent être consultées à partir de n'importe quel appareil sur lequel le logiciel est installé. Il est ainsi moins difficile de sauvegarder des données et des documents sans trop d'inquiétude. Vous aurez la possibilité d'accéder à tous vos documents importants, images et autres éléments liés à votre compte Microsoft OneDrive depuis n'importe quel autre appareil, grâce à l'assistance fournie par Microsoft OneDrive. Microsoft OneDrive permet également de partager ces photos ou ces documents avec d'autres personnes, telles que des amis, des membres de la famille ou des collègues de travail. Votre ordinateur, le site web et même votre appareil mobile peuvent tous servir de points d'accès à Microsoft OneDrive. Cela permet également de s'assurer que chaque fichier sur votre ordinateur est mis à jour de la bonne manière. Si vous avez partagé votre OneDrive avec d'autres personnes ou appareils dans le passé, ces appareils et personnes recevront automatiquement des versions mises à jour de tous les documents modifiés ou ajoutés à OneDrive. Les fonctionnalités de OneDrive, l'une des choses qui distinguent OneDrive des autres options de stockage dans le nuage est le fait que les utilisateurs n'ont besoin que d'une connexion internet pour accéder à leurs fichiers et dossiers stockés dans le service. Ce service ne se contente pas de sauvegarder vos fichiers, il permet également de les partager instantanément avec n'importe quel appareil connecté à l'internet. En utilisant

OneDrive, vous pouvez faire ce qui suit :

- Vous pouvez consulter vos fichiers et vos photos à distance,

- Vous pouvez modifier sur votre ordinateur portable des documents rédigés à l'origine sur votre ordinateur de bureau.

- Vous êtes encouragé à mettre vos fichiers à la disposition des autres et à participer à des projets de groupe.

CHAPITRE 1

Accès au compte OneDrive

AVEZ-VOUS un compte de messagerie chez Microsoft ? - Outlook ou Microsoft Live. Considérez que vous possédez un compte OneDrive si vous avez l'une de ces capacités. Facile, n'est-ce pas ? Lancez votre navigateur web, connectez-vous à Office 365 à l'aide de l'adresse électronique que vous utilisez pour le service, puis sélectionnez OneDrive dans le menu de la barre latérale pour accéder au service de stockage en nuage. Cela vous permettra d'accéder à votre compte OneDrive. Vous accédez alors à une interface utilisateur qui affiche tous les documents que vous avez enregistrés dans d'autres applications Office 365 telles que Word, Excel, PowerPoint et autres. Vous pouvez également télécharger un nouveau fichier, quel qu'il soit, et ce à tout moment. OneDrive fonctionne désormais mieux pour ceux qui ont déjà un compte Microsoft, grâce aux améliorations apportées par Microsoft. Lorsque vous vous inscrivez pour un compte Microsoft, un espace de stockage dans OneDrive est immédiatement ajouté à votre compte. On ne sait pas si Microsoft utilise cette méthode dans le cadre d'un effort commercial visant à attirer davantage de clients vers son service de stockage en nuage. Même si l'introduction de OneDrive a été un développement bienvenu pour le système de stockage en nuage, la grande majorité des utilisateurs ont du mal à maîtriser son interface. En matière de stockage en ligne, le fait que OneDrive remplisse les mêmes fonctions que Google Drive et d'autres programmes de stockage en nuage est une évolution fascinante. En effet, OneDrive vous offre un emplacement entièrement basé sur le web pour déposer ou stocker vos fichiers. Pour accéder à vos données ou fichiers, vous devez d'abord vous connecter à votre compte Microsoft. Cette procédure est similaire à celle requise par d'autres applications de stockage en nuage.

1.1 S'inscrire à OneDrive

Lorsque vous vous inscrivez à Microsoft OneDrive, vous devez suivre plusieurs étapes,

notamment les suivantes :

- Pour accéder à OneDrive, rendez-vous sur OneDrive.live.com. L'écran ci-dessous s'affiche. l'écran ci-dessous, où vous pouvez sélectionner "s'inscrire gratuitement".

- Choisissez le type de compte que vous souhaitez utiliser. Dans ce scénario, vous devrez choisir entre l'établissement d'un compte personnel et d'un compte d'entreprise pour pour continuer. Si vous disposez d'un compte professionnel, les services qui vous sont proposés ne sont pas gratuits. ne sont pas gratuits ; vous devez payer une redevance pour les utiliser.

- Il vous suffit de saisir votre adresse électronique ci-dessous. Un espace est prévu pour que vous puissiez saisir votre et si vous n'en avez pas encore, vous avez la possibilité d'en créer une. en créer une pour vous-même.

- Veuillez saisir un nouveau mot de passe. Après avoir saisi votre mot de passe, vous serez de cliquer sur le bouton "suivant".

Autres détails À ce stade, il vous est demandé de fournir votre date de naissance et le pays dans lequel vous êtes né. Votre adresse électronique est en attente de vérification. Une fois toutes ces étapes terminées, un code de confirmation sera attribué à votre numéro de téléphone ou à votre adresse électronique afin que nous puissions vérifier que vous êtes bien le propriétaire légitime de l'adresse électronique ou du numéro de téléphone. Ensuite, il vous sera demandé d'introduire le code pour qu'il soit validé. Confirmation dans sa forme finale et création d'un compte Dans cette section, vous devrez démontrer que vous êtes un être humain en saisissant correctement le code captcha. Une fois que vous l'aurez fait, votre compte sera créé et vous pourrez alors télécharger vos fichiers et documents sur votre compte.

1.2 Connectez-vous à votre compte OneDrive

Vous pouvez vous connecter à OneDrive de deux manières : soit via la page web, soit via l'application.

l'application. Si l'application est déjà installée sur votre appareil, vous pouvez vous connecter en suivant les étapes décrites dans la section ci-dessous. En revanche, si l'application n'est pas encore installée sur votre ordinateur, vous devrez soit la télécharger pour l'utiliser, soit vous connecter à votre compte via le site web (OneDrive.live.com).

- Commencez par aller dans le menu Démarrer et tapez "OneDrive" dans la barre de recherche qui s'affiche. dans la barre de recherche qui apparaît.

- Une fois la recherche terminée, vous remarquerez OneDrive parmi les résultats ; pour y accéder, cliquez sur son nom. pour y accéder, cliquez sur son nom. Si vous disposez déjà d'un compte OneDrive, il vous suffit d'entrer l'adresse électronique de l'utilisateur. il vous suffit d'entrer l'adresse électronique que vous avez utilisée pour vous inscrire au compte puis de cliquer sur le bouton "se connecter".

- Ensuite, passez à la page suivante et entrez votre mot de passe. Il vous sera demandé de saisir un code supplémentaire qui a été attribué à votre adresse électronique ou à votre numéro de téléphone afin de confirmer la propriété du compte. numéro de téléphone pour confirmer que vous êtes bien propriétaire du compte. Ce code vous sera fourni si vous avez déjà mis en place une autre méthode d'authentification pour votre compte Microsoft. pour votre compte Microsoft.

- - Pour sélectionner le dossier OneDrive de votre choix, vous devez d'abord suivre les directives qui vous sont fournies. Si vous vous êtes déjà connecté à cet ordinateur, il y a de fortes chances que le dossier OneDrive ait été créé. le dossier OneDrive était déjà présent sur votre ordinateur. Vous avez la possibilité de cliquer ici pour utiliser le dossier OneDrive. Vous avez la possibilité de cliquer ici pour utiliser ce dossier ou de sélectionner l'option pour choisir un nouveau dossier.

CHAPITRE 2

L'interface OneDrive

vec une toile de fond blanche, l'interface utilisateur de OneDrive est très simple. Comme il s'agit d'un service de stockage dans le nuage, OneDrive dispose d'un certain nombre de fonctionnalités que les utilisateurs peuvent utiliser. Les éléments suivants sont des outils utiles dont vous pouvez disposer lorsque vous travaillez avec vos fichiers:

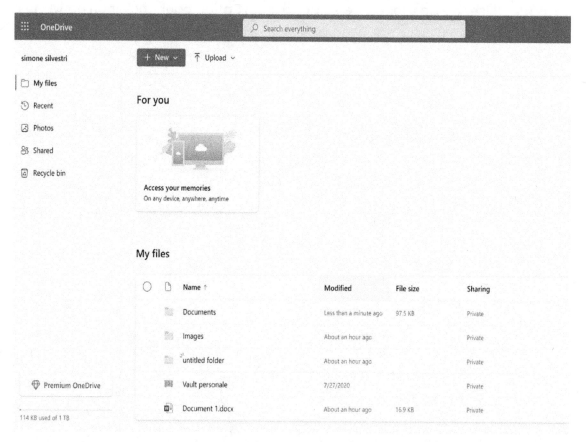

La barre d'outils peut se trouver en haut de l'écran dans sa position par défaut. Elle se trouve tout en haut de l'écran, juste en dessous du titre "OneDrive". Elle comporte un champ de recherche, un nouvel onglet, un onglet de téléchargement, un onglet de tri, un onglet d'affichage et un onglet pour le volet de détails. Le volet de navigation se trouve dans le coin gauche de l'écran, juste à gauche de l'espace intitulé "Fichiers". Vous pouvez voir tous vos fichiers en cliquant sur le bouton "Mes fichiers", qui les fait apparaître au centre de l'écran. D'autres liens se trouvent sous le titre "Mes fichiers".

Il y a un dossier Récent, un dossier Photos, un dossier Partagé et une corbeille. Juste à droite du volet de navigation, vous trouverez la section Liste des fichiers. Cette section conserve un enregistrement de tous les dossiers et fichiers que vous avez soumis. La façon la plus simple de télécharger des fichiers est de les faire glisser dans la zone désignée pour la liste des fichiers.

Vous pouvez choisir et déterminer ce qu'il faut faire dans la liste de fichiers qui s'affiche. En utilisant la barre d'outils vous pouvez rechercher des fichiers, les organiser et les télécharger. En outre, vous pouvez créer des documents et des dossiers.

2.1 Exploration de la fenêtre OneDrive

Pour commencer, OneDrive vous propose deux dossiers pour stocker des fichiers : Documents et Images. En outre, vous pouvez créer des dossiers supplémentaires dans OneDrive. Les fichiers peuvent être stockés sur OneDrive jusqu'à un téraoctet ou mille gigaoctets. Vous pouvez connaître l'espace de stockage dont vous disposez pour enregistrer des fichiers en consultant le coin inférieur gauche de la fenêtre du navigateur. Comme les dossiers indiquent le nombre de fichiers qu'ils contiennent, il est possible de déterminer le nombre total de fichiers contenus dans chaque dossier. Il suffit de cliquer sur le nom du dossier pour y accéder et examiner son contenu. Regardez à nouveau la figure 1-1 et notez mentalement les fonctionnalités de gestion de fichiers suivantes qui sont disponibles dans la fenêtre OneDrive:

Création d'un dossier

Pour créer un dossier de stockage de fichiers, cliquez sur le bouton Nouveau, puis choisissez l'option Dossier

dans le menu déroulant. Pour plus d'informations, veuillez vous référer à la section

de ce livre intitulée "Créer un dossier".

Mettre vos fichiers en ligne

Pour transférer des fichiers de vos propres ordinateurs, tels qu'un ordinateur de bureau ou un ordinateur portable, vers OneDrive,

cliquez sur l'icône "Télécharger". Reportez-vous à la dernière section de ce chapitre intitulée "Transférer des fichiers vers un dossier sur OneDrive".

Organiser les fichiers et les dossiers dans la fenêtre

Les dossiers et les fichiers peuvent être organisés et localisés à l'aide des outils situés dans le coin supérieur droit de l'écran. Pour plus d'informations, reportez-vous à la section intitulée "Afficher et localiser des dossiers dans la fenêtre OneDrive", plus loin dans ce chapitre.

Accéder à vos données

Pour accéder à la fenêtre principale de OneDrive, sélectionnez OneDrive dans le menu qui apparaît dans le coin supérieur gauche de l'écran ou sélectionnez Fichiers dans la liste de liens qui apparaît sur le côté gauche de l'écran.

CHAPITRE 3

Organisation et gestion des Dossiers

Lorsque vous créez de nouveaux dossiers dans lesquels vous enregistrez des données, ces dossiers sont enregistrés dans OneDrive. OneDrive vous propose deux dossiers pour le stockage des fichiers : Documents et Images. En outre, vous pouvez créer vos propres dossiers et sous-dossiers à l'intérieur de ces dossiers. Sur ces pages, vous trouverez des instructions sur la façon de créer des dossiers, de naviguer dans OneDrive d'un dossier à l'autre et d'effectuer d'autres opérations de gestion des dossiers telles que le renommage, la suppression et le déplacement des dossiers.

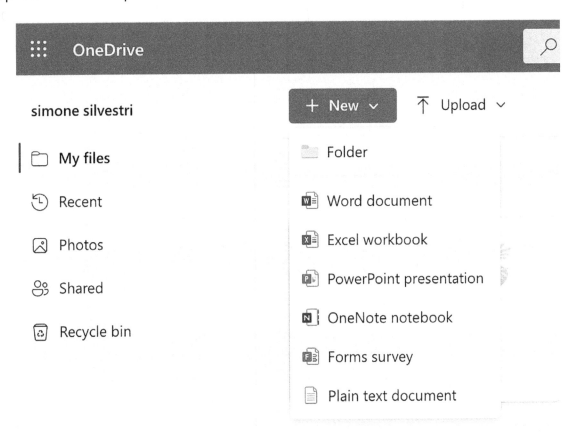

Les étapes nécessaires à la gestion de la liste des fichiers sont les suivantes:

- Création d'un dossier ou d'un document dans OneDrive

- Dans OneDrive, vous pouvez rapidement créer de nouveaux fichiers et dossiers selon vos besoins.

- Cliquez sur le bouton de l'onglet Nouveau situé dans la barre d'outils, puis choisissez le type de fichier avec lequel vous souhaitez travailler dans l'option déroulante. fichier avec lequel vous souhaitez travailler dans la liste déroulante.

- Choisissez simplement "Dossier" dans le menu déroulant pour créer un nouveau dossier. Vous allez voir une boîte. Après avoir donné un nom à votre document, cliquez sur le bouton "Créer". Vous pourrez voir le dossier dans la liste des fichiers.

- Cliquez sur le document que vous souhaitez créer pour lancer la création d'un nouveau document. Après cela, un nouvel onglet sera mis à votre disposition pour que vous puissiez travailler à l'intérieur de votre navigateur.

3.1 Renommer des documents et des dossiers dans OneDrive

Vous pouvez sélectionner le dossier ou le document en cliquant sur le petit cercle qui apparaît sur le dossier ou le document.

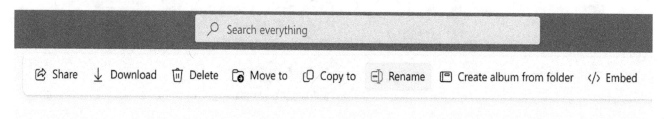

- Dans le menu situé dans la barre d'outils, choisissez l'option Renommer.

- Après avoir donné un nouveau nom au fichier, cliquez sur le bouton "Enregistrer".

- Déplacement et copie de documents et de dossiers

- Cliquez sur le petit cercle situé sur le dossier ou le document que vous souhaitez transférer ou copier dans un autre dossier.

- transférer ou copier dans un autre dossier. Vous pouvez alors choisir le dossier ou le document que vous souhaitez déplacer ou copier. Si nécessaire, vous pouvez choisir plus d'un dossier ou d'un document à utiliser.

- Sélectionnez "Déplacer vers" ou "Copier vers" dans le menu déroulant de la barre d'outils.

- Dans la fenêtre contextuelle qui s'est affichée à votre droite, choisissez un autre endroit pour la recherche. Recherche. Cliquez ensuite sur le bouton "Copier".

- Vérifiez l'intégrité du fichier une fois qu'il a été transféré ou copié.

3.2 Suppression et restauration de documents et de dossiers

Lorsqu'un fichier ou un dossier est supprimé, il est déplacé vers la corbeille, qui est l'endroit où il se trouvait le plus récemment avant d'être supprimé. En revanche, vous pouvez les récupérer dans la corbeille. Pour ce faire, procédez comme suit:

My files

		Name ↑	Share		N
			Download		
✓		**Documen**	Delete	⋮	2
		Images	Move to		A
		untitled fc	Copy to		A
		Vault pers	Rename		7
		Documen	Create album from folder		A
			Embed		
			Details		

- Pour supprimer un dossier ou un document de votre ordinateur, cliquez avec le bouton droit de la souris sur le fichier puis choisissez "supprimer" dans le menu contextuel qui apparaît.

- Pour récupérer un élément que vous avez supprimé, accédez à la corbeille en cliquant sur l'onglet "Corbeille", puis recherchez l'élément que vous souhaitez récupérer. l'onglet "Corbeille", puis recherchez l'élément que vous souhaitez restaurer. restaurer. Après avoir cliqué sur l'élément, allez dans la barre d'outils et choisissez l'option "Restaurer".

- La corbeille est l'endroit où sont supprimés tous les objets qui ont été supprimés avant d'être retirés du système. avant d'être retirés du système. En outre, ils restent dans la corbeille pendant environ un mois.

- Il suffit de sélectionner l'option "Restaurer tous les éléments" dans le menu déroulant pour restaurer tout ce qui a été effacé précédemment. rétablira tout ce qui a été effacé précédemment.

3.3 Partager un document ou un dossier dans OneDrive

OneDrive vous permet de partager vos documents tout en conservant un contrôle total sur ceux-ci. Sachez que vos dossiers et documents resteront privés à moins que vous ne souhaitiez les partager avec d'autres personnes. Pour rendre vos fichiers accessibles à d'autres personnes, suivez les étapes décrites ci-dessous:

- Cliquez sur le petit cercle qui se trouve sur le fichier que vous voulez partager pour le choisir comme fichier à partager.

- le choisir comme fichier à partager. Cliquez sur le bouton "Partager" situé dans la barre d'outils.

- Pour accéder à d'autres options de personnalisation, allez dans le menu contextuel et choisissez l'option "Toute personne ayant le lien peut le modifier".

- Enlevez la coche de la case "Autoriser l'édition" pour interdire à votre collaborateur d'apporter des modifications à votre travail. Il n'aura accès à aucune autre fonctionnalité de votre document.

- Lorsque vous êtes prêt, une fois que vous avez terminé, cliquez sur le bouton "Appliquer".

- Dans le champ "À :", saisissez les adresses électroniques des destinataires et, dans le champ "Message", tapez une note pour les avertir de l'existence de votre document. Il vous suffit de faire suivre votre article en cliquant sur le bouton "Envoyer".

- Vous pouvez également inviter manuellement des personnes en cliquant sur "Copier le lien" et en leur envoyant l'URL que vous avez copiée.

3.4 Téléchargement de fichiers sur OneDrive

En suivant les étapes ci-dessous dans votre navigateur web, vous pourrez télécharger vos fichiers vers votre compte OneDrive:

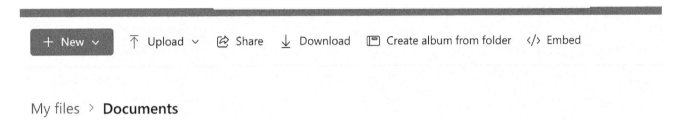

My files > **Documents**

- Lorsque vous choisissez l'onglet "Mes fichiers" et que vous cliquez sur le bouton "Charger" dans la barre d'outils, un menu déroulant s'affiche pour vous permettre de charger des fichiers et des dossiers. Choisissez vos documents.

- Une boîte de dialogue s'affiche et il vous est demandé de choisir l'élément que vous souhaitez télécharger à partir de votre appareil pour continuer. Après avoir cliqué sur "Ouvrir", vous devrez patienter pendant le processus.

- Vous pourrez ensuite valider votre fichier.

Vous savez désormais que OneDrive sert de référentiel pour tous les fichiers générés par les nombreuses applications d'Office 365. En revanche, une fois que vous aurez maîtrisé les méthodes décrites dans cette section du didacticiel, gérer et organiser efficacement les fichiers et les dossiers dans Office 365 devrait être aussi facile que de réciter l'alphabet.

CHAPITRE 4

Partager vos fichiers avec d'autres

Vous devez mettre vos fichiers à la disposition d'autres personnes afin qu'elles puissent voir, modifier ou simplement consulter votre travail. Le partage de documents permet à de nombreux utilisateurs de travailler ensemble sur un seul document Office. Dans la fenêtre OneDrive, vous avez la possibilité de partager soit un fichier individuel, soit un dossier entier, ce qui inclut tous les fichiers contenus dans le dossier. Lorsque vous partagez un fichier avec d'autres personnes, vous leur donnez la permission de lire votre fichier ou de le consulter et d'y apporter des modifications.

4.1 Partage direct du fichier

Vous pouvez partager un fichier directement à partir de Word, Excel ou PowerPoint en cliquant sur le bouton Partager, qui se trouve dans le coin supérieur droit de l'écran. Cela vous évite d'accéder à la fenêtre OneDrive. Le volet Partager s'affiche lorsque vous avez sélectionné OneDrive dans la fenêtre Partager et que vous avez cliqué sur le bouton Partager et que vous avez cliqué sur le bouton Partager. À partir de cet emplacement, vous pouvez envoyer des invitations par courrier électronique à d'autres personnes pour partager un fichier avec elles ou créer un lien de partage:

4.2 Invitation par courrier électronique

Pour envoyer le fichier à d'autres personnes par courrier électronique, vous devez d'abord saisir leur adresse électronique dans la zone de texte Inviter des personnes. Choisissez ensuite Can Edit ou Can View dans le menu déroulant pour connaître le type d'accès à l'édition dont dispose l'expéditeur, puis cliquez sur le bouton Share. (Si vous préférez ne pas saisir directement l'adresse électronique d'un partageur, vous pouvez cliquer sur le bouton Rechercher dans le carnet d'adresses, puis utiliser la boîte de dialogue du carnet d'adresses pour choisir le nom de la personne). (Si vous préférez ne pas saisir directement l'adresse électronique d'un partageur, vous pouvez cliquer sur le bouton Rechercher dans le carnet d'adresses, puis utiliser la boîte de dialogue du carnet d'adresses pour choisir le nom de la personne).

4.3 Générateur de liens

Mettez le fichier à la disposition d'autres personnes en créant un lien vers celui-ci : Cliquez simplement sur le bouton Obtenir un lien de partage (situé en bas du volet Partage). Vous pouvez ensuite créer soit un soit un lien d'édition, soit un lien de visualisation uniquement en cliquant sur un bouton. Dans la dernière étape, choisissez le lien pour le copier dans le presse-papiers en cliquant sur le bouton Copier. Vous pourrez alors copier le lien et le coller dans un courriel ou sur un site web.

4.4 Processus d'invitation par courriel sur OneDrive

Si vous souhaitez partager un fichier (ou tous les fichiers d'un dossier), vous pouvez le faire en suivant ces étapes et en envoyant un message électronique avec des liens vers les fichiers (voir Figure 2-1). Un simple clic suffit à la personne qui reçoit votre message électronique pour lire ou voir le fichier que vous avez joint.

- Sélectionnez dans OneDrive le fichier ou le dossier que vous souhaitez partager.

- Pour partager un contenu, cliquez sur l'icône Partager.

- Sur la barre d'outils qui se trouve en haut de l'écran dans OneDrive, vous remarquerez un bouton intitulé Partager.

- Vous êtes dans la fenêtre Partage, qui est illustrée à la figure 2-2.

- Pour déterminer si les autres utilisateurs peuvent uniquement consulter le fichier ou le modifier, sélectionnez ou désélectionnez l'option Autoriser l'édition.

- La décision que vous prendrez dans cette section influencera les droits d'accès accordés aux personnes qui partagent le fichier.

- Vous avez la possibilité d'imposer un mot de passe ainsi qu'une limite de temps aux fichiers que vous envisagez de partager avec d'autres personnes.

- Sélectionnez le compte de messagerie.

- Dans la fenêtre Partage, des champs de texte permettent d'insérer l'adresse électronique et un message (voir figure 2-2)

- Saisissez simplement les adresses électroniques des personnes avec lesquelles vous souhaitez partager le dossier ou le fichier.

- Pour partager un contenu, cliquez sur l'icône Partager.

Pour déterminer quels dossiers et fichiers sont partagés, vous devez d'abord basculer la fenêtre Fichiers en vue Liste. Lorsqu'ils sont partagés, le mot "partagé" apparaît dans la colonne Partage. Vous pouvez à tout moment modifier la façon dont les fichiers et les dossiers sont partagés ou non, en revenant à la fenêtre Fichiers. Vous pouvez accéder à cette fenêtre à tout moment.

4.5 Génération de liens

Pour générer un lien hypertexte vous permettant de partager un fichier (ou tous les fichiers d'un dossier), veuillez suivre les étapes suivantes. Une fois que OneDrive a généré le lien, vous pourrez le partager publiquement ou l'envoyer par courriel à d'autres personnes. Le fichier peut être vu (ou visualisé avec des capacités d'édition) par toute personne qui clique sur le lien.

- Choisissez le fichier ou le dossier que vous souhaitez partager dans le menu qui s'affiche lorsque vous ouvrez OneDrive.

- Pour partager un contenu, cliquez sur l'icône Partager.

- Vous pouvez créer un lien vers un fichier ou un dossier à l'aide de la fenêtre Partager, qui est illustrée dans les figures 2-3.

- Choisissez d'autoriser ou non l'édition.

- Votre décision déterminera si d'autres personnes peuvent accéder au fichier et le modifier ou si elles peuvent seulement le visualiser.

- Vous avez la possibilité d'attribuer un mot de passe aux fichiers que vous envisagez de partager et de fixer une date d'expiration pour ces fichiers.

- Cliquez sur le bouton Obtenir un lien.

Cette URL a été générée par OneDrive. Comme le montre la figure 2-3, elle est affichée dans la fenêtre de partage. Il vous suffit de cliquer sur le bouton intitulé Copier. Vous êtes alors libre de publier le lien où bon vous semble, que ce soit sur un blog, un site web ou un message électronique.

4.6 Accès aux fichiers partagés par d'autres personnes

Pour voir les noms des dossiers et des fichiers que d'autres ont partagés avec vous ainsi que ceux que vous avez partagés avec d'autres, allez dans le volet Partagés. En cliquant sur le bouton Partagé dans le volet de navigation OneDrive, vous accédez à la fenêtre

Partagé (située sur le côté gauche de la fenêtre). Vous pouvez ouvrir des fichiers et des dossiers dans la fenêtre partagée en utilisant la même méthode que celle utilisée pour y accéder dans les fenêtres Fichiers ou Récents, c'est-à-dire en cliquant sur l'élément. Vous pouvez également cliquer avec le bouton droit de la souris et choisir Ouvrir dans le menu contextuel qui s'affiche.

LIVRE 7 : MICROSOFT OUTLOOK 2024

INTRODUCTION

NE communiquons-nous pas tous par le biais du courrier électronique ? Quel que soit le secteur dans lequel une personne travaille, l'envoi et la réception de courriels sont systématiquement classés parmi les tâches quotidiennes qui exigent le plus de temps de la part de leurs auteurs. Au cours d'une journée de travail typique, un individu consacre environ 28 % de son temps à vérifier, écrire et répondre à des courriels (ainsi qu'à les consulter). La plupart du temps, les courriels ne sont pas gérés correctement et, par conséquent, les gens se retrouvent avec une boîte de réception encombrée qui semble grossir au fil des semaines. Il est très rare que des communications soient enterrées, et les utilisateurs peuvent passer des heures à séparer les informations importantes et pertinentes de celles qui le sont moins. Les utilisateurs d'Outlook dans Microsoft 365 ont accès à une multitude d'outils qui peuvent améliorer la façon dont ils traitent le courrier électronique pour stimuler leur productivité. Cependant, pour bénéficier de tous les avantages de ces fonctionnalités, il est nécessaire d'apprendre à les utiliser. Si vous cherchez des moyens de rendre le courrier électronique plus productif et moins chronophage, l'une des options que vous pourriez envisager est de passer à Microsoft Outlook. Il n'est pas nécessaire d'ouvrir un nouveau compte de messagerie ; vous trouverez de plus amples informations à ce sujet dans le contenu. Vous pouvez l'utiliser à partir de la liste des applications Microsoft Office Desktop ou utiliser Outlook on the web, qui fonctionne essentiellement comme n'importe quelle autre messagerie électronique et est accessible via un navigateur web sur un PC ou un téléphone portable et, bien sûr, dispose également d'une application mobile qui peut être installée sur la boutique d'applications de chaque appareil. Il est disponible sous différentes formes. Vous pouvez l'utiliser à partir de la liste des applications Microsoft Office Desktop ou utiliser Outlook sur le web. Par conséquent, tous les outils dont vous avez besoin pour être le plus productif et le plus connecté possible - à la maison, en déplacement et partout ailleurs - vous sont accessibles pour votre messagerie électronique grâce à Microsoft Outlook. Ces outils sont à votre disposition où que vous soyez.

CHAPITRE 1

Interface Outlook

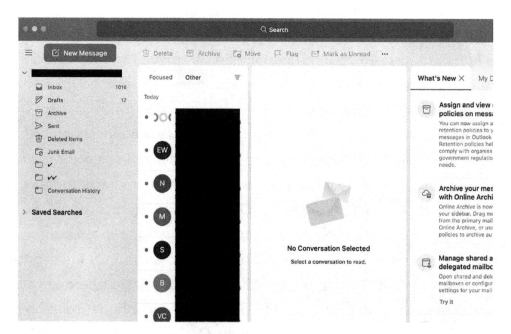

POUR OUVRIR OUTLOOK, choisissez l'icône "Outlook" située sur le côté gauche de l'interface utilisateur d'Office 365. Lorsque vous regardez l'interface utilisateur d'Outlook, il peut être facile de se décourager car elle semble difficile et perplexe. Mais dans l'ensemble, il s'agit d'un instrument très utile. L'un des aspects intéressants d'Outlook est qu'il se compose d'un grand nombre de régions ou de parties distinctes, chacune d'entre elles ayant sa propre interface utilisateur. Ces sections sont respectivement appelées Courrier, Calendrier, Personnes, Fichiers et À faire. Sim Il suffit de cliquer sur l'une des icônes situées tout en bas de l'interface utilisateur d'Outlook pour naviguer vers la zone que vous souhaitez utiliser ou avec laquelle vous souhaitez interagir. Pour accéder à des fonctionnalités supplémentaires, l'interface utilisateur d'Outlook comporte un bouton avec trois points en bas. Le volet de navigation se trouve sur le côté gauche de l'écran. Il vous permet de naviguer entre les différentes sections et d'accéder aux dossiers de chacune d'entre elles. Lorsque vous travaillez dans une zone particulière, le volet de navigation affiche les dossiers qui s'y trouvent. Lorsque vous sélectionnez un dossier dans le volet, celui-ci devient actif et vous pouvez alors travailler avec les fonctions ou les éléments qu'il contient. Par exemple, dans la zone "Courrier", vous pouvez consulter les nouveaux messages en cliquant sur le bouton "Boîte de réception".

CHAPITRE 2

Envoi et réception de messages Electroniques

OUTLOOK VOUS PERMET d'envoyer et de recevoir des messages électroniques. Il vous offre un large éventail d'avantages qui peuvent vous aider à organiser l'ensemble des communications commerciales de votre entreprise.

de votre entreprise. Le fait qu'il fonctionne sur n'importe quel appareil et qu'il vous donne accès au même tableau de bord, où que vous soyez, est ce qui lui confère sa qualité distinctive.

2.1 Envoi de courriers électroniques

Les instructions étape par étape sur l'utilisation d'Outlook pour l'envoi de courriers électroniques sont les suivantes:

To:

Subject:

Calibri (Body)   11   A ∨   B   I   U   ab   ℓ ∨   x²   x₂   ⋮≡ ⋮≡ ≡ ∨ ⋶ ⋷   🎤   🖼 ∨   🕾   ⊞ ∨   Aₚ   🧹   📋 ∨   ↶ ↷   ¶

- Pour commencer un nouveau message, cliquez sur le bouton "Nouveau message".

- Dans le champ "A", saisissez l'adresse électronique du (des) destinataire(s).

- Dans le champ "Ajouter un sujet", saisissez le sujet du message.

- Pour commencer à taper, il suffit de double-cliquer n'importe où dans la boîte vide. Les options disponibles au-dessus du bouton d'envoi peuvent être utilisées pour formater votre message avant de l'envoyer.

- Pour télécharger une pièce jointe, ouvrez la boîte de dialogue de sélection des fichiers en cliquant sur le bouton Joindre et en sélectionnant "Parcourir cet ordinateur". Au lieu de cela, vous pouvez choisir "Parcourir les destinations du nuage" pour accéder à vos fichiers OneDrive.

- Lorsque vous avez terminé d'écrire, appuyez sur le bouton "Envoyer".

2.2 Réception des courriers électroniques

Les messages électroniques que vous recevez dans Outlook sont stockés dans un dossier intitulé "Boîte de réception", où vous pouvez facilement y accéder. Envoi de courriels à plusieurs destinataires L'envoi d'un courriel à un groupe de personnes ne pose pas de problème majeur. Il vous suffit de saisir plusieurs adresses électroniques dans la zone À, en les séparant par des virgules. Vous pouvez choisir autant de destinataires que vous le souhaitez dans votre carnet d'adresses en cliquant sur le bouton À ; Outlook se chargera d'ajouter les virgules pour séparer les données.

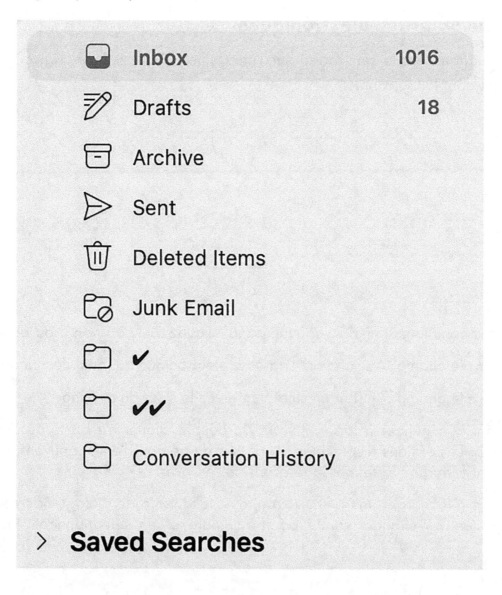

2.3 Envoi de courriels avec pièces jointes

Allez dans Accueil > Nouvel e-mail pour envoyer un e-mail avec une pièce jointe. Vous pouvez également choisir de répondre/répondre à tous ou de transférer lorsque vous répondez à un courriel existant. Vous trouverez ci-dessous une capture d'écran de la boîte de dialogue de fermeture d'un courriel:

- Si vous souhaitez joindre un fichier, vous pouvez le faire en cliquant sur Joindre un fichier, puis en choisissant l'option appropriée dans le menu contextuel.

- Cliquez sur la flèche située à côté des éléments récents pour accéder rapidement aux fichiers et images récemment utilisés. Une alternative au stockage de ces documents sur le disque dur d'un individu est de les placer sur un serveur accessible uniquement à l'intérieur du pare-feu de l'entreprise.

- Vous pouvez joindre un courriel en sélectionnant l'option de menu Joindre un élément > Élément Outlook.

- En sélectionnant le menu "Joindre un élément" puis "Carte de visite", vous pouvez ajouter une version numérique de votre carte de visite à votre message.

- Pour spécifier une période et d'autres détails dans un calendrier, choisissez l'option Joindre un élément > Calendrier.

- En utilisant l'option Parcourir les emplacements Web, vous pouvez choisir des fichiers à partir d'emplacements Web précédemment visités, tels que votre OneDrive, vos sites SharePoint ou vos fichiers de groupe.

Parcourir ce PC - Dans un premier temps, vous devez sélectionner un fichier à télécharger sur votre ordinateur local en cliquant sur le bouton Parcourir ce PC. Vous pouvez fournir un lien vers un fichier stocké sur OneDrive ou SharePoint, ou joindre une copie du fichier à votre soumission. Les autorisations pour un fichier dans le nuage peuvent être mises à jour à l'aide de l'option du menu contextuel qui permet de le faire.

Lorsque vous recevez une pièce jointe, vous devez l'examiner attentivement afin de déterminer si vous reconnaissez ou non l'expéditeur. Vous pouvez décider d'ouvrir ou non la pièce jointe après l'avoir vue. Sélectionnez Retourner au message lorsque vous avez terminé.

2.4 Programmation de l'envoi des messages

L'automatisation est essentielle. Si vous voulez que votre entreprise se développe de manière intelligente et opportune, vous devez commencer par le courrier électronique.

Grâce à l'automatisation, vous pouvez programmer l'envoi de messages à des moments inopportuns ou lorsque vous n'êtes pas là pour lancer manuellement l'envoi.

L'automatisation du marketing par courrier électronique permet de réaliser davantage de ventes, car elle permet d'établir plus de contacts avec des clients potentiels au moment le plus opportun. Des recherches antérieures ont montré que, par rapport à une campagne d'e-mailing manuelle, une campagne d'e-mailing automatisée bénéficie d'une augmentation de 70,5 points de pourcentage des taux d'ouverture et de 152 % des taux de clics. Cela s'explique par le fait que les courriels ciblés envoyés à des heures optimales à des publics prédéterminés ont des résultats très positifs. Outlook vous donne le choix entre deux options pour définir les heures d'envoi des futurs courriels. Vous pouvez choisir de différer l'envoi d'un seul courriel au moment de l'envoi, ou vous pouvez définir des règles pour différer l'envoi de tous vos courriels sortants en les stockant dans Outlook pendant un certain temps.

2.5 Planification de l'envoi d'un courriel

Après avoir ouvert la boîte de dialogue pour envoyer un courriel, choisissez l'onglet Options, puis cliquez sur l'option Retarder la livraison pour retarder l'envoi du message (cette option se trouve dans le groupe Autres options).

- Pour éviter que votre colis ne soit livré avant la date spécifiée, accédez au menu Options de livraison. Indiquez la date et l'heure de livraison en regard de l'option "Ne pas livrer avant".

- Vous pouvez également modifier les autres paramètres pour déterminer à quel moment un message deviendra illisible pour son destinataire.

- Cliquez sur le bouton Fermer. Vous pouvez maintenant envoyer votre courriel, qui arrivera à destination à l'heure que vous avez fixée. Le courriel que vous venez d'envoyer restera dans votre boîte d'envoi jusqu'à ce qu'il arrive à destination.

- Si vous changez d'avis et souhaitez envoyer immédiatement le courriel/message reporté, vous pouvez le faire en suivant les étapes ci-dessous :

- Accédez à la zone de stockage de la boîte d'envoi de l'ordinateur. Pour envoyer un message ultérieurement, il vous suffit de le sélectionner dans la liste.

- Suivez la même procédure jusqu'à ce que vous arriviez à la partie Choix d'envoi.

Si vous souhaitez que votre courrier électronique soit livré immédiatement, assurez-vous que l'option "Ne pas livrer avant" n'est pas cochée. Cliquez sur Fermer pour enregistrer vos modifications et mettre à jour la date et l'heure de livraison, puis décochez la case "Ne pas livrer avant" si vous le souhaitez. Si vous souhaitez envoyer votre courrier électronique immédiatement, il vous suffit de cliquer sur le bouton "Envoyer".

2.6 Recherche d'e-mails

Il peut arriver que votre boîte de réception contienne un nombre excessif d'e-mails, mais que vous ayez besoin de consulter un certain message (probablement parce qu'il contient l'information utile dont vous avez besoin). Procédez comme suit:

- Trouvez le champ de recherche en haut de l'interface de votre programme Outlook.

- Si vous ne vous souvenez pas du nom de l'expéditeur du courrier express que vous recherchez, tapez la phrase ou le mot qui figurait dans le message au lieu du nom de l'expéditeur dans la zone de recherche. Cela vous permettra de découvrir le courrier express que vous recherchez.

- Une fois les messages filtrés, vous pourrez trouver le courrier spécifique que vous recherchez.

CHAPITRE 3

Organiser sa boîte de réception

Lors de l'APPRENTISSAGE DE L'ORGANISATION DES COURRIERS ÉLECTRONIQUES dans Outlook, il est essentiel de comprendre comment utiliser les dossiers et les catégories. Il s'agit des outils clés que vous utiliserez pour mieux maîtriser le contenu de votre boîte de réception.

3.1 Dossiers

Les dossiers dans Outlook sont accessibles en cliquant sur la flèche à gauche de votre boîte de réception, qui se trouve sous votre adresse électronique (c'est ce qu'on appelle aussi le volet de navigation). Il existe deux types de dossiers, qui sont les suivants:

- Dossiers par défaut Les dossiers par défaut fournis avec votre application Microsoft Outlook sont les dossiers typiques utilisés dans le courrier électronique. Vous devez être familiarisé avec ces dossiers. Les plus courants sont les brouillons, le courrier envoyé, les éléments supprimés, la corbeille, le spam et les autres dossiers par défaut. Les autres dossiers par défaut sont la corbeille et le spam.

- Dossiers personnels : Assurez-vous que toute votre correspondance entrante est bien organisée et classée par ordre de priorité en créant des dossiers supplémentaires. Il est essentiel d'éviter de créer un nombre excessif de dossiers, car vous risquez de ne plus savoir quel dossier choisir.

3.2 Fonctionnement des dossiers

L'interface utilisateur de la partie courrier d'Outlook se compose de plusieurs éléments différents. Ces outils sont conçus pour vous aider à organiser vos courriers électroniques d'une manière ou d'une autre. Ces composants garantissent que votre courrier est organisé et trié correctement. En voici quelques-uns :

Boîte de réception

La boîte de réception est l'endroit où sont stockés les nouveaux courriers reçus. Dès que vous lancez Outlook, il commence immédiatement à se charger en arrière-plan. Outre les fonctions de la boîte de réception, celle-ci affiche également les invitations à des réunions et vous avertit en cas de réponse à l'un de vos messages. Les parties visualisation et lecture constituent respectivement l'interface d'Outlook. Le contenu de la boîte de réception est affiché dans la zone de visualisation, tandis que celui qui est choisi dans la section de visualisation est affiché dans la section de lecture.

Éléments envoyés

Le dossier appelé Éléments envoyés dans Outlook stocke des copies des éléments que vous avez précédemment envoyés à l'aide d'Outlook. L'objectif principal de ce dossier est de stocker les éléments que vous avez envoyés.

Brouillons

Il s'agit d'un dossier qui stocke les copies des courriels que vous êtes en train de rédiger mais que vous n'avez pas encore envoyés. En outre, il enregistre des copies des messages que vous n'avez pas encore envoyés, ce qui est utile lorsque vous ne souhaitez pas les envoyer tout de suite, mais que vous voulez les envoyer plus tard. Après l'avoir renvoyé dans le dossier, vous pourrez accéder au brouillon et continuer à produire le document.

Le dossier Éléments supprimés

Les éléments d'autres dossiers que vous avez supprimés d'Outlook et déplacés dans ce dossier sont conservés ici.

Courriers indésirables

Outlook classe un e-mail comme courrier indésirable s'il vous a été envoyé par une personne que le programme ne reconnaît pas ou à laquelle vous ne pouvez pas faire confiance.

Archives

Le dossier Archive d'Outlook stocke les messages conservés que vous pouvez choisir de cacher aux autres utilisateurs. Vos courriels les plus importants seront stockés en toute sécurité dans ce dossier.

Notes

La fonction Notes peut être utilisée pour noter des informations personnelles et pour assurer le suivi des tâches en cours. Grâce à la fonction Notes d'Outlook, vous pouvez enregistrer des informations vitales que vous ne voulez pas perdre et que vous ne voulez pas oublier. À partir de cet emplacement, vous pourrez voir les notes que vous avez créées. Vous pouvez accéder à vos notes en choisissant "Note" dans la barre qui se trouve en haut de l'écran.

3.2 Catégories

L'utilisation de catégories facilite l'attribution de codes de couleur à vos communications. Vous êtes libre de choisir, par exemple, la couleur rouge pour les communications qui requièrent une attention urgente, la couleur verte pour les messages qui nécessitent une action rapide, la couleur violette pour les réunions, etc. L'utilisation d'un code de couleurs peut avoir de nombreuses applications. Vous devrez élaborer un plan adapté à vos besoins spécifiques. Lorsque votre boîte de réception est organisée selon un code de couleurs, il est beaucoup plus simple de disposer d'une option qui vous permet de parcourir vos messages et de décider de ce qu'il faut faire avec chacun d'entre eux en un seul coup d'œil.

CHAPITRE 4

Autres fonctionnalités d'Outlook

E N PLUS de ces fonctionnalités, nous parlerons du calendrier, des personnes, des fichiers et des listes de choses à faire.

4.1 Calendrier

L'affichage du calendrier vous permet d'organiser et de suivre les événements auxquels vous participez actuellement. Une connexion a été établie entre le calendrier et l'application Outlook. Vous pouvez y accéder en cliquant sur l'icône "Calendrier" située tout en bas de l'interface utilisateur d'Outlook. En utilisant l'interface du calendrier, vous aurez accès à la grille du calendrier ainsi qu'au volet des dossiers : Vous pouvez voir le calendrier du mois en cours et du mois suivant dans le volet des dossiers, et vous pouvez également naviguer à travers les mois de l'année. La grille du calendrier affiche les dates que vous avez choisies sur le calendrier. La vue du mois affiche l'ensemble du mois, le jour actif étant mis en évidence. Pour ajouter un nouvel événement à votre calendrier, allez dans le coin supérieur gauche de l'interface utilisateur et cliquez sur l'icône "Nouvel événement". L'étape suivante consiste à ajouter une description, puis un rappel, la date et l'heure. Lorsque vous avez terminé, cliquez sur le bouton Enregistrer.

4.2 People

The Contacts view allows you to manage the record of people you communicate with regularly. The "People" icon, which is located at the very bottom of the Outlook user interface, can be used to gain access to it. The reading pane displays the information of any communication, the folder pane displays the folders that you have created, and the contact page displays the contacts that you have created. These three primary components can be found, from left to right, in the Contacts view.

4.3 Files

This is where your attachments, or the files that you have attached to emails that you have sent and received, are stored. The 'Files' icon, which is located at the very bottom of the Outlook user interface, may be used to get access to it. It is possible to copy,

relocate, or store files in a new place on either OneDrive or the local computer.

4.4 Remote Accessibility

You may monitor your emails from any location, and your progress is synchronized across all of the devices you use, as has previously been stated but bears repeating for emphasis: When everything is in its proper location, synchronization functions perfectly even if your internet connection can produce synchronization problems, problems with your firewall, and other similar problems. Note that if you begin using Outlook on a new device while still using an older email address, it will take some time for your previous messages to get synchronized on the new device. You don't need to step in. The synchronization, on the other hand, will function without your intervention; all you need is a connection to the internet that is operational. You are good to go, and you may use it anywhere, whether on your mobile device, your desktop computer, or both.

LIVRE 8: MICROSOFT TEAMS

INTRODUCTION

MICROSOFT TEAMs est un outil puissant qui porte le processus d'interaction et de discussion avec les autres membres de votre équipe à un tout autre niveau. Grâce à Microsoft Teams, il est possible de collaborer depuis n'importe quel endroit, quel que soit le nombre de personnes qui le font - deux, trois ou même dix mille. La notion de travail à distance gagne en popularité parmi les équipes situées partout dans le monde. L'objectif de Microsoft est de maintenir la connectivité entre les équipes, même lorsque les membres se trouvent dans des lieux différents. À cette fin, Microsoft Teams est accessible au plus grand nombre. Il n'est pas nécessaire de se déplacer puisque les équipes vous permettent d'avoir des conversations, des réunions, des appels téléphoniques, des sessions d'étude et de coopérer au même endroit. Poursuivez votre lecture pour obtenir des conseils utiles sur le travail à domicile, et n'oubliez pas de vous inscrire à Teams pour commencer à l'utiliser gratuitement dès maintenant. Le "futur des lieux de travail" prend vie grâce à Microsoft Teams, qui porte bien son nom. Teams est conçu pour faciliter le travail collaboratif entre collègues via l'échange de fichiers, la participation à des chats et même la participation à des conversations vocales et vidéo. Microsoft Teams est conçu pour répondre aux besoins en constante évolution du lieu de travail contemporain, contrairement aux bibliothèques de documents et aux listes de tâches qui font partie de SharePoint et qui représentent des dépôts de données plus ou moins permanents. Il est possible qu'au cours d'une année, vous vous retrouviez à jouer pour plusieurs équipes différentes. Il se peut que vous vous engagiez sur plusieurs canaux tout en faisant partie de la même équipe. Ce livre explique les concepts d'équipes et de canaux. Il montre comment informer vos collègues lorsque vous êtes occupé ou disponible pour des collaborations, comment entamer une discussion avec eux, ainsi que comment avoir un entretien privé avec eux. Vous pouvez être opérationnel plus rapidement en utilisant Microsoft Teams pour vos besoins en matière de vidéoconférence et de communication. Vous pourrez ainsi vous assurer que vos besoins sont satisfaits. Examinez les spécificités de ce composant pour comprendre comment il peut être le plus efficace pour votre équipe.

CHAPITRE 1

Accès à Microsoft Teams et mise en route

Comme nous l'avons vu dans les chapitres précédents de cette visite guidée de Microsoft 365, vous pouvez accéder aux équipes en utilisant le lanceur d'applications Microsoft 365. Vous pouvez également accéder à Teams en vous rendant sur https://www.microsoft.com/en-ww/microsoft-teams/ et en vous y connectant. Comme nous venons de le dire, Microsoft Teams peut également être téléchargé via les différents magasins d'applications pour appareils mobiles. Comme d'habitude, un compte unique garantit que vous pouvez surveiller toutes vos activités depuis n'importe quel appareil, quel que soit votre âge.

de votre activité depuis n'importe quel appareil, quel que soit l'endroit où vous vous trouvez. Vous pouvez également télécharger Teams sur votre ordinateur en vous rendant sur la page d'accueil de Microsoft Teams et en sélectionnant le bouton "Télécharger Teams".

CHAPITRE 2

La formation des équipes et la gestion des filières

Pour entrer dans le vif du sujet, toutes ces choses doivent être mises en pratique pour profiter de tous les avantages mentionnés précédemment. Lors de l'utilisation de Microsoft Teams, une "équipe" se réfère à un groupe de personnes qui collaborent à la réalisation d'un certain objectif ; dans de nombreux cas, l'ensemble d'une entreprise sera inclus dans une seule équipe. Dans le même temps, les canaux fonctionnent de la même manière que les sous-groupes qui font partie de l'organisation. Ils sont divisés en groupes, chacun d'entre eux s'occupant d'un département, d'un projet ou d'un travail particulier. Imaginons, pour les besoins de cette illustration, que Teams soit une entreprise et que Channels soit la division des ventes de cette même organisation. Par conséquent, les filières sont créées après qu'une équipe a déjà été mise en place. Les procédures suivantes peuvent être suivies pour mettre en place des canaux et des équipes:

2.1 Créer une équipe

Lancez le programme Microsoft Teams et, parmi les choix accessibles en bas de la barre latérale Teams sur la gauche, sélectionnez "Rejoindre ou créer une équipe". Dans le nouvel écran qui vient de s'afficher, cliquez sur le bouton "Créer une équipe". Dans l'écran qui suit, vous avez le choix entre sélectionner:

- Constituer une nouvelle équipe à partir de zéro ; il s'agira d'un nouveau groupe de joueurs.
- Créez une nouvelle équipe en clonant un groupe ou une équipe existant dans Office 365.

Si votre équipe utilisait déjà Office 365 avant de migrer vers Teams, il se peut que vous ayez déjà des groupes qui peuvent être importés en utilisant l'option "Créer à partir de..." Si votre équipe utilisait déjà Office 365 avant de migrer vers Teams, il se peut que vous ayez déjà des groupes qui peuvent être importés. Si ce n'est pas le cas, vous pouvez suivre le plan "Créer une équipe à partir de zéro". Ensuite, vous devrez choisir les personnes qui composeront l'équipe. Tenez compte des facteurs suivants pour prendre votre décision, en gardant à l'esprit la structure et l'organisation que vous souhaitez pour votre plate-forme :

Privé

Choisissez cette option pour les situations dans lesquelles un groupe ne doit pas être composé de plus de quelques personnes sélectionnées, par exemple.

Public

L'option publique est idéale pour les groupes qui réorganisent constamment leur liste de membres.

L'option Org-Wide

L'option Org-Wide est celle que vous devez choisir si vous souhaitez héberger l'ensemble de votre organisation sur la plateforme en tant qu'"équipe" unique et utiliser des canaux pour répartir le travail et vous assurer que tout le monde est sur la même longueur d'onde lorsqu'il s'agit de communiquer.

- Après avoir défini la composition du groupe que vous souhaitez constituer, l'étape suivante consiste à lui donner un nom.

- Après avoir fourni un nom d'équipe approprié, tel que "Ventes" ou "Médias sociaux", cliquez sur le bouton "Créer" situé dans le coin inférieur droit de l'écran pour terminer la création de l'équipe.

- Une fois que vous avez créé votre nouvelle équipe, celle-ci apparaît immédiatement sur la nouvelle page.

- Vous pouvez ajouter des membres à l'équipe en cliquant sur les trois points situés à côté du nom de l'équipe depuis n'importe quel endroit de l'application Équipe ou en utilisant l'option "Ajouter des personnes supplémentaires" qui se trouve sur la page d'accueil de l'application Équipe. Saisissez simplement les noms des personnes dont vous souhaitez exiger la participation au groupe.

- Vous pouvez leur proposer un accès invité, en utilisant leur adresse électronique comme login et mot de passe, s'ils sont considérés comme des "invités", c'est-à-dire des personnes qui ne sont pas affiliées à votre organisation.

2.2 Créer un canal

Après la création d'une équipe, il est temps de commencer à inclure des canaux dans le groupe qui a été créé. Pour collaborer efficacement en tant qu'équipe, vous devez disposer de canaux. Lors du démarrage initial de Microsoft Teams, un canal général est immédiatement créé et accessible à tous les membres de l'équipe. Il est possible d'ajouter d'autres canaux. Pour commencer, rendez-vous dans l'équipe à laquelle vous souhaitez ajouter un nouveau canal et cliquez sur l'option de menu "Créer un canal supplémentaire". Sur la page d'accueil du site web de l'équipe se trouve un lien "Créer d'autres chaînes". Vous pourrez choisir un nom pour le canal dans le menu qui s'affiche, fournir une description du canal et modifier les paramètres de confidentialité afin que tous les membres de l'équipe ou seulement certains d'entre eux puissent voir les informations. Toutes ces options sont disponibles dans la fenêtre contextuelle qui s'affiche. Après avoir personnalisé le canal, vous pouvez commencer à le créer en cliquant sur le bouton "Ajouter" dans la fenêtre de configuration.

2.3 Définir son statut

Lorsque vous indiquez votre statut, il est beaucoup plus facile pour vos collègues de déterminer s'ils peuvent ou non communiquer avec vous. Prenez l'habitude de mettre à jour votre statut afin que les autres membres de l'équipe sachent toujours s'ils peuvent ou non vous contacter et comment le faire. Pour gérer votre statut dans Teams, procédez comme suit:

- Ouvrez votre menu utilisateur. Le menu est accessible en regardant dans le coin supérieur droit de l'écran. de l'écran. Lorsque vous l'ouvrez, un menu déroulant apparaît devant vous.

- Lorsque l'option de statut, qui est le premier choix du menu, est sélectionnée, un menu déroulant contenant d'autres choix de statut s'affiche.

- Choisissez l'une des options : Disponible, Occupé ou autre.

Imaginez un scénario dans lequel vous devez déterminer si un collègue est libre, occupé ou absent. Commencez à saisir le nom de votre collègue dans le champ de recherche situé tout en haut de l'écran, une fois que vous y avez déplacé votre souris. Le nom de votre collègue doit figurer dans une liste qui peut être déroulante. Il vous suffit de cliquer sur le nom de la personne avec laquelle vous êtes en train de converser pour accéder à sa page.

CHAPITRE 3

Tout ce que vous devez savoir sur les conversations

LES CONVERSATIONS NE SONT PAS UN mystère si vous connaissez les plateformes de médias sociaux comme Facebook ou LinkedIn. Vous pouvez contribuer à une discussion en publiant des messages, en commentant les messages publiés par d'autres et en aimant un message. Les conversations entre employés ne se limitent pas à parler d'un certain sujet. Le dialogue peut également servir d'enregistrement essentiel d'un sujet, de son histoire ou de son contexte. Les nouveaux venus sur un canal peuvent se tenir au courant des derniers développements d'un projet en parcourant simplement le dialogue qui s'y déroule. Les collègues peuvent évaluer une discussion pour déterminer l'état d'avancement d'un projet, découvrir les questions qui ont été posées dans le passé et étudier l'historique d'un projet pour voir comment il s'est développé au fil du temps. Dans ces pages, vous trouverez des instructions sur la manière d'enregistrer une discussion en tant que signet, d'ajouter une conversation à vos favoris, d'entamer de nouvelles conversations et de répondre à celles qui existent déjà.

3.1 Aimer et mettre en signet des conversations

Pour aimer une discussion et l'ajouter à vos signets dans Teams, procédez comme suit:

- Accédez à la page Conversations d'un canal lorsque vous êtes prêt.
- Lorsque vous entrez dans un canal, la page Conversations est la première page que vous voyez.
- Placez le pointeur de votre souris sur l'un des messages.

Vous verrez les trois boutons suivants:

Autres options

Ouvre une liste déroulante avec des choix pour marquer un message comme non ouvert, copier un lien hypertexte vers le message dans le presse-papiers ou accéder au message dans Immersive Reader. Cliquer sur le bouton Plus d'options ouvre la liste déroulante. Dans Microsoft Teams, il existe une vue unique appelée Immersive Reader qui simplifie la lecture des longs chats.

Sauvegarder le message

Cette fonction permet d'enregistrer le message afin que vous puissiez l'examiner ultérieurement. Pour accéder aux messages qui ont été enregistrés, visitez le menu utilisateur et choisissez Enregistré dans la liste des options.

J'aime le message

Cet utilisateur aime le message. Tous les membres de l'équipe peuvent voir les messages que vous avez aimés. Vous disposez de nombreuses options pour interagir avec les messages des canaux, y compris la possibilité de les aimer et de les sauvegarder pour un usage ultérieur.

3.2 Entamer une conversation

Pour lancer une discussion, il suffit de suivre les étapes suivantes:

- Lorsque vous êtes prêt, passez à la page Conversations d'un canal.

- Veuillez rédiger votre message dans l'espace prévu à cet effet.

- Des outils permettant de saisir des emojis, des liens hypertextes et d'autres éléments intéressants se trouvent sous le champ de texte dans le document. Pour informer un collègue de la discussion que vous souhaitez entamer, écrivez le symbole at (@) suivi du nom du collègue dans la zone de texte. Il sera ainsi informé de la conversation que vous avez l'intention d'entamer.

Vous pouvez joindre la discussion à d'autres canaux en plus d'alerter les autres participants. Suivez le symbole at (@) et tapez le nom du canal que vous souhaitez rejoindre. Vous pouvez envoyer le message en appuyant sur Entrée ou sur le bouton Envoyer. Tous les membres de l'équipe peuvent entendre et voir ce que vous dites.

3.3 Répondre à une conversation

Pour publier une réponse à une conversation, procédez comme suit:

- Lorsque vous êtes prêt, accédez à la page Conversations d'un canal.

- Cliquez sur le bouton Répondre qui se trouve dans le message auquel vous souhaitez répondre.

- Une fois que vous avez terminé de taper votre message, appuyez sur la touche Entrée ou sélectionnez le bouton Envoyer.

3.4 Conversation confidentielle avec un collègue

Dans certains cas, certains membres d'une équipe ne doivent pas exprimer leurs demandes, leurs critiques ou leurs inquiétudes. Dans certains cas, il est préférable que le contenu d'une communication reste entre deux personnes ou un petit groupe d'employés soigneusement choisis. Assurez-vous que vos interactions restent confidentielles en utilisant la fonction Chat. Lorsque vous utilisez Teams, vous ne devez jamais faire une remarque que vous ne voudriez pas que votre responsable ou votre administrateur informatique voie. Même un message de chat qui n'est censé être destiné qu'à un petit groupe de personnes ne peut pas être considéré comme vraiment privé. Les administrateurs de Teams peuvent contrôler et accéder à tous les documents contenus dans un espace de travail Teams. Cette mesure est prise à des fins de sécurité et de conformité réglementaire. Suivez ces instructions pour entamer une conversation privée avec une ou deux personnes de votre choix et pour participer à la conversation:

- Pour commencer une nouvelle conversation, cliquez sur le bouton Nouveau chat situé sur la barre de navigation en haut de l'écran.

- Vous pouvez accéder à l'option Nouvelle conversation en cherchant le symbole qui ressemble à un stylo et à du papier à gauche de la boîte de recherche.

- Une liste d'utilisateurs récents s'affiche chaque fois que vous entamez une nouvelle conversation ou que vous participez à une conversation existante sur la page Chat. Si vous souhaitez reprendre une conversation là où vous l'avez laissée, vous pouvez choisir un nom pour le faire.

- Après avoir saisi votre message, n'oubliez pas d'appuyer sur Entrée.

- Une fenêtre de chat s'affiche.

Lorsque quelqu'un souhaite discuter avec vous, une notification apparaît dans le coin inférieur droit de l'écran. Il suffit de cliquer sur cet avis pour ouvrir la fenêtre de discussion, dans laquelle vous pouvez commencer à converser. Pour envoyer un message, saisissez-le dans la case intitulée "Tapez un nouveau message", puis appuyez sur Entrée ou cliquez sur le bouton Envoyer Pour faire participer d'autres personnes à une conversation, choisissez l'option "Ajouter des personnes". Ce bouton se trouve dans le coin supérieur droit de l'écran.

CHAPITRE 4

Fonctionnement des recherches et des filtres

I L Y A DES MOMENTS où il est utile de réduire le "bruit" et de se concentrer sur l'exploration de ce qui est en rapport avec vos intérêts professionnels. Vous pouvez filtrer l'activité de l'équipe pour ne visualiser que les éléments qui vous intéressent en commençant par la page Activité. Vous pouvez également effectuer des recherches détaillées. L'onglet Activité fournit un emplacement centralisé pour localiser rapidement tout ce qui vous concerne, y compris les canaux, les discussions, les chats, les fichiers, etc.

4.1 Filtrer votre flux d'activité

Le flux d'activité compile toutes les activités possibles qui peuvent être effectuées dans les canaux auxquels vous participez actuellement. Le flux d'activité, dans lequel vous pouvez découvrir des mentions, des réponses et d'autres alertes, est un endroit que les personnes consultent souvent le matin en arrivant au travail. En utilisant les techniques suivantes, vous pouvez filtrer votre flux d'activité afin qu'il se concentre sur les informations dont vous avez besoin:

- Pour accéder à l'onglet Activité, choisissez-le dans la barre de navigation.

- Si elle n'est pas déjà sélectionnée, l'option Flux doit être choisie dans la sélection Activité. dans la sélection Activité.

La sélection des activités se trouve tout en haut de la fenêtre qui affiche les activités. activités. Le sélecteur offre les deux options suivantes:

- Flux qui affiche tous les messages et mentions que vous avez reçus.

- Mon activité affiche les messages que vous avez commencés.

Il vous suffit de choisir une option dans la liste qui s'affiche lorsque vous cliquez sur le bouton Filtrer.

Comme l'illustre la figure 4-7, vous pouvez filtrer votre flux d'activité à l'aide de différents critères. Ajustez les paramètres du flux d'activité de l'équipe afin de n'afficher que les événements qui vous concernent.

4.2 Essayer de localiser un contenu / effectuer une recherche

Comment faites-vous exactement pour retrouver le dossier auquel votre patron a fait référence par hasard il y a une semaine ? Ou vous souvenez-vous du nom du film qu'un collègue vous a recommandé lors d'une conversation individuelle il y a environ trois mois ? Pour effectuer une recherche dans Teams sur un message ou un fichier donné, procédez comme suit :

- Placez le curseur dans la zone intitulée Rechercher ou Tapez une commande à partir de n'importe quelle page de Teams et commencez à taper.

- Cette zone de texte est visible horizontalement en haut de l'écran.

- Vous pouvez soit saisir un terme de recherche, soit entrer une commande commençant par une barre oblique (/) suivie d'un terme de recherche.

Un mot de recherche peut être "rapports" ou "Rapports du département des ventes", par exemple. Vous pouvez également utiliser simplement "rapports". Vous pouvez combiner la recherche d'une personne, d'un canal, d'un groupe ou d'un fichier avec une action spécifique en utilisant la commande barre oblique. Lorsque vous saisissez la barre oblique (/), une liste d'instructions s'affiche dans un menu déroulant. Sélectionnez une commande, puis tapez un mot de recherche et appuyez sur la touche "Entrée". Par exemple, choisissez /chat, puis envoyez un message à Mark par chat. Appuyez sur la touche Entrée.

Les résultats de la recherche s'affichent dans trois onglets : Messages, Personnes et Fichiers, respectivement. Choisissez un onglet pour affiner votre recherche et obtenir des résultats plus précis. J'espère que vous parviendrez à trouver ce que vous cherchez.

CHAPITRE 5

Participer à des réunions avec des collègues

Les réunions peuvent être organisées de deux manières différentes avec Teams. Vous et un collègue avez la possibilité de participer à une réunion en utilisant la technologie audio ou vidéo, ou vous pouvez revenir à la méthode éprouvée qui consiste à fixer un rendez-vous en face à face à un jour et une heure donnés.

5.1 Organiser une conférence (audio ou vidéo)

Pour organiser avec succès une réunion vidéo ou audio, procédez comme suit:

- Trouvez la personne avec laquelle vous souhaitez parler.

- Effectuez une recherche globale ou recherchez le symbole d'utilisateur de la personne dans l'historique des chats ou dans la fenêtre de chat de votre appareil.

- Lorsque vous ouvrez la carte d'utilisateur d'une personne, vous pouvez y accéder en cliquant sur le nom de la personne.

- Le nom d'une personne et sa photo sont tous deux imprimés sur la carte.

- Cliquez sur le bouton "Appel vidéo" ou "Appel audio" situé sur la carte d'utilisateur.

- Le destinataire de votre appel sera informé que vous lui avez passé un appel. Il a alors la possibilité de refuser ou d'accepter l'appel.

- Il suffit d'appuyer sur un bouton de la carte d'utilisateur pour lancer l'appel.

Vous pouvez poursuivre la discussion ou y mettre fin en utilisant les boutons situés en bas de la fenêtre d'appel:

Webcam

Permet d'activer/désactiver la webcam

Microphone

Contrôle la mise en sourdine/hors sourdine du microphone

Partage

Permet à d'autres participants de voir votre écran

Autres options

Fournit un menu supplémentaire pour mettre l'appel en attente, le transférer et d'autres options.

Raccrocher

Met fin à l'appel en cours

5.2 Organisation d'une réunion et envoi d'invitations aux participants

Invitations aux participants Pour organiser une réunion en face à face avec un collègue, procédez comme suit:

- Dans la barre de navigation, choisissez l'onglet Réunions pour commencer.

- Il vous suffit de cliquer sur le bouton Planification de réunion.

- Dans la boîte de dialogue Nouvelle réunion, résumez la réunion et demandez à d'autres personnes de se joindre à vous.

- Donnez un titre à la réunion, décidez de l'endroit où elle se déroulera, précisez l'heure à laquelle elle aura lieu et invitez les employés concernés.

- Pour consulter votre calendrier, cliquez sur l'icône.

- Votre calendrier a été mis à jour pour refléter la réunion.

- Les collègues sont avertis par un message qu'une réunion est demandée.

demandée. Les invités peuvent répondre à la communication en cliquant sur l'un des trois boutons suivants trois boutons - Accepter, Provisoire ou Refuser - inclus dans le message. Lorsqu'une demande de réunion est approuvée, elle est immédiatement ajoutée au calendrier.

CHAPITRE 6

Ajouter d'autres applications à votre équipe

I est POSSIBLE que vous deviez ajouter d'autres applications telles que Planner, To-Do et Sway pour pouvoir les utiliser dans l'application Microsoft Teams ; il s'agit toutefois d'un processus simple, à condition que l'application en question soit incluse dans votre abonnement. Lancez Teams, puis utilisez la barre de recherche en bas à gauche pour trouver et ajouter votre application préférée ; gardez à l'esprit qu'elle doit être compatible avec votre abonnement. L'écran qui affiche la description de l'application apparaît lorsque vous avez sélectionné l'application souhaitée. Passez un peu de temps à parcourir les différentes sous-sections (par exemple, Onglets, Messages, Application personnelle). Cette section décrit les capacités de l'application, ainsi que la manière dont elle sera accessible dans Teams, ce qui vous permettra de l'utiliser telle quelle ou de la modifier à votre guise. Ensuite, cliquez sur le bouton Ajouter, et votre application sera alors accessible dans l'application utilisée par votre équipe.

6.1 Relier Streams à Teams

Microsoft Stream est une solution vidéo d'entreprise qui vous permet de développer et de distribuer en toute sécurité des vidéos au sein de votre organisation. Stream est facile à utiliser à bien des égards. Vous et vos autres employés pouvez travailler ensemble sur des vidéos en utilisant des applications que vous connaissez déjà, comme SharePoint, Teams et Yammer, en plus d'un navigateur web. Microsoft Stream intègre en standard la recherche d'entreprise, avec des capacités de recherche intelligente. Grâce à cela, il est facile de générer et de distribuer du contenu, ainsi que d'obtenir les informations que vous souhaitez au moment où vous en avez besoin. Microsoft Stream remplace Office 365 Video, et vos comptes Office 365 Video seront convertis en Microsoft Stream. Si vous avez déjà utilisé Office 365 Video, vous devez savoir que Microsoft Stream est le successeur d'Office 365 Video. Si vous vous inquiétez de la sécurité du téléchargement de vos vidéos vers un service situé à l'extérieur de votre pare-feu, mais que vous souhaitez tout de même une certaine assistance, Microsoft Stream peut vous la fournir. Une protection de niveau entreprise est assurée pour Microsoft Stream, tout comme pour les autres composants de la suite Office 365. Les niveaux d'autorisation de certains films peuvent être modifiés pour restreindre l'accès à certains utilisateurs tout en permettant à d'autres de les visionner. Lorsque vous utilisez Microsoft Stream, vous pouvez choisir avec qui vous souhaitez partager du contenu, qu'il s'agisse d'un groupe sélectionné de personnes de votre équipe ou de l'ensemble de votre entreprise. Grâce à Microsoft Stream, tous les membres de votre entreprise peuvent participer à la collaboration vidéo et en bénéficier, et la plateforme garantit la sécurité de chaque vidéo. Microsoft Stream permet également d'organiser le matériel vidéo en canaux et en catégories, ce qui facilite la recherche au moment voulu.

6.2 Organiser à l'aide de canaux et de groupes

Les chaînes sont un excellent outil pour classer et organiser le contenu disponible. Vous pouvez ajouter des vidéos à vos favoris ou suivre rapidement une chaîne pour être sûr de ne pas manquer les nouvelles vidéos mises en ligne. Si vous êtes abonné, cette partie de la page d'accueil vous permettra de voir toutes les nouvelles vidéos qui ont été téléchargées sur une chaîne et facilitera la localisation de la chaîne que vous suivez. Cliquez sur le bouton Suivre pour cesser de suivre une chaîne qui ne vous intéresse plus. Cependant, les groupes de Stream s'inspirent des groupes Office 365, tant au niveau de l'apparence que des fonctionnalités. Lorsque vous créez un groupe dans Stream, un nouveau groupe Office 365 est automatiquement créé. Ce groupe disposera de sa propre adresse électronique, de son propre calendrier et d'un site auquel il sera possible d'accéder dans Office 365. Si votre entreprise utilise déjà les groupes Office 365 à d'autres endroits, tels que Microsoft Teams, SharePoint, Yammer ou Planner, vous pouvez immédiatement commencer à les utiliser dans Stream. Alors que les canaux sont principalement utilisés pour organiser les vidéos en sections et auteurs, les groupes sont développés spécifiquement pour imposer des restrictions sur les autorisations vidéo. Dans une plus large mesure, les groupes prennent des mesures pour limiter l'audience de leurs vidéos.

6.3 Possibilité de créer des événements en direct

Microsoft recommande généralement de configurer les droits des vidéos, des communautés et des utilisateurs au moins vingt-quatre heures avant l'événement afin d'obtenir la meilleure expérience possible. Cela peut se traduire, entre autres, par l'ajout d'utilisateurs, la modification des autorisations vidéo ou le passage d'une communauté du statut privé au statut public. Il peut s'écouler jusqu'à deux heures avant que certaines modifications ne prennent effet dans Microsoft Stream, Microsoft Teams et Microsoft

Yammer. Des tests peuvent être effectués et des ajustements peuvent être apportés, le cas échéant, après un délai d'au moins vingt-quatre heures.

CHAPITRE 7

L'utilisation de MS Teams présente de nombreux avantages dans le monde réel

Les capacités de bout en bout des réunions Microsoft Teams peuvent grandement contribuer à éliminer l'irritation et l'inefficacité en intégrant tout ce dont vous avez besoin pour chaque réunion en un seul endroit, ce qui en facilite la gestion. Pour ce faire, tout ce dont vous avez besoin pour chaque réunion est intégré à un seul endroit. Vous pouvez utiliser la fonction de chat pour ajouter des éléments à l'ordre du jour, des documents qui doivent être lus à l'avance, ainsi que d'autres sujets qui seront abordés au cours des réunions que vous préparez. Ainsi, vous n'aurez plus besoin de parcourir vos courriels pour trouver les notes de réunion, car tout est regroupé en un seul endroit. Lorsque la réunion commence, vous pouvez utiliser la vidéo pour que tout le monde reste concentré sur le sujet en allumant la caméra, en brouillant l'arrière-plan pour éliminer les distractions et en affichant des sous-titres en direct tout au long de la discussion. Il est possible de combiner ces techniques. L'utilisation du tableau blanc numérique fourni avec le programme vous permet non seulement de travailler ensemble en temps réel sur des documents créés avec Office 365, mais aussi de générer immédiatement de nouvelles idées.

7.1 Les équipes offrent un espace de stockage au sein du groupe

Outre la capacité de tenir des conversations, Teams offre également un référentiel qui peut être utilisé pour stocker des documents, des feuilles de calcul, des présentations et d'autres types de ressources multimédias. Outre le stockage de ces fichiers, vous pouvez également collaborer en temps réel avec d'autres utilisateurs sur n'importe lequel de ces fichiers. Les équipes vous permettent de travailler sur des projets dans un espace unique à l'aide des applications Office telles que Word, Excel et PowerPoint. Vous pouvez créer une équipe, lui donner un nom, expliquer ce qu'elle fait, puis demander à d'autres personnes de rejoindre votre groupe. Vous pouvez facilement inclure quelqu'un en utilisant le symbole "at" dans une conversation ou en lui demandant de rejoindre une équipe. Ces deux méthodes permettent d'obtenir le même résultat. Microsoft Teams est également accessible dans son intégralité sur les appareils mobiles, avec toutes les fonctionnalités disponibles sur la version de bureau. Par conséquent, votre lieu de travail peut toujours vous accompagner, que vous soyez ou non à proximité d'un ordinateur.

7.2 Stimulez votre travail d'équipe avec Microsoft Teams

Les utilisateurs de Microsoft Teams peuvent travailler ensemble sur des projets en tant qu'"équipes numériques" au sein de la plateforme Microsoft Teams, ce qui permet aux utilisateurs d'élever leur collaboration à un niveau supérieur. Vous pouvez encourager un dialogue plus ouvert entre vos différentes équipes en utilisant des canaux de discussion. Vous pouvez également organiser des "réunions" en ligne et accéder rapidement aux applications dont vous avez besoin pour effectuer votre travail. Les groupes de travail peuvent coopérer avec plus de succès grâce à Microsoft Teams, un logiciel unifié qui rassemble tous les outils nécessaires à la productivité. Ce logiciel offre aux groupes de travail une application unique et unifiée. En résumé, l'utilisation de Microsoft Teams permet d'élever la coopération à un niveau supérieur, de la rendre plus solide et plus efficace, d'explorer davantage de possibilités et de réduire la charge de travail. Microsoft Teams regroupe tout ce dont vous avez besoin en un seul endroit pratique. Au lieu de lire les courriels et les conversations téléphoniques individuellement, d'organiser des réunions, puis de se réunir sur une autre application (telle que Zoom ou Google Meet), tout peut être rassemblé dans une seule application, ce qui permet une communication facile et transparente.

7.3 Tout sauvegarder dans un endroit centralisé

Étant donné que chaque membre de votre équipe reçoit une quantité importante d'e-mails, il est très facile de perdre des informations et de les faire disparaître dans la mer de messages. Microsoft Teams peut contribuer à résoudre ce problème en offrant à vos collaborateurs un espace centralisé dans lequel ils peuvent coopérer. Les conversations qui ont lieu sur un lieu de travail basé sur le chat sont archivées dans un espace unique, ce qui permet de les rechercher facilement et d'évaluer ce qui a été dit. Vous avez la possibilité de stocker des fichiers, des notes et d'autres informations directement à côté de la fenêtre de discussion, ce qui les rend accessibles à tout moment à n'importe quel membre de l'équipe. Vous pouvez également revoir les sessions de chat qui ont eu lieu pendant les discussions audio ou vidéo afin de mieux comprendre les événements qui se sont déroulés pendant la réunion. Vous êtes libre d'exprimer rapidement votre créativité et vos opinions. Les réunions en personne, les conversations téléphoniques, les dialogues dans le couloir et les séances de brainstorming sont autant de moyens fantastiques de générer des idées innovantes, mais ils ne conviennent pas toujours à tous les participants. Vous devez attendre que tout le monde soit arrivé au même endroit. En outre, il n'existe pas d'approche directe pour transmettre et développer ses idées lorsque l'inspiration survient à une heure inhabituellement matinale ou tardive par rapport à la norme. Les équipes permettent d'adopter une approche plus impromptue du processus de créativité collaborative, ce qui est utile. Les membres de votre équipe peuvent utiliser la boîte de dialogue lorsqu'ils ont des questions ou des commentaires à vous adresser et qu'ils souhaitent les partager. Il est facile d'organiser une réunion sur un coup de tête en utilisant n'importe quelle combinaison de communication textuelle, vidéo ou audio, ou même les trois simultanément. Pour faire avancer les choses, il suffit de vérifier la disponibilité des personnes concernées, de les contacter et de leur demander quand elles seront disponibles. Le travail en groupe permet d'avancer à la vitesse des idées générées. Le tout en un seul lieu.

7.4 Facilitation du travail collaboratif

Dans l'environnement rapide d'aujourd'hui, il n'est pas rare que plusieurs personnes collaborent à la production d'un seul travail, tel qu'un article, une feuille de calcul ou une présentation, de sa conception à sa conclusion. La terrible vérité est que la communication d'informations à d'autres personnes par le biais du courrier électronique n'est pas la méthode la plus efficace pour collaborer à un projet. Il est très facile de se laisser distraire et de perdre de vue l'objectif principal. Au cours du processus de traduction, on perd beaucoup de subtilité. Un autre inconvénient de cette méthode est le temps perdu à essayer de déterminer quelle version est la plus récente. Les équipes permettent d'interagir en temps réel à l'aide d'applications Office familières sur votre bureau ou via l'internet, quel que soit l'endroit où vous vous trouvez physiquement. Vous pouvez le faire localement sur votre ordinateur ou à distance via l'internet. Grâce à la fonction de coécriture, qui vous donne l'assurance que toutes les personnes impliquées sont sur la même longueur d'onde, vous pouvez rédiger un projet final plus rapidement. Cela vous permettra de gagner du temps. Il est possible pour un grand groupe de personnes de travailler en tandem sur le même document en même temps. Vous êtes rapidement informé des modifications apportées par les autres utilisateurs, ce qui facilite la coordination des ajustements effectués par plusieurs utilisateurs. Lorsque vous ouvrez un document qui a été partagé avec vous, vous constatez que les modifications apportées sont signalées. Il n'est donc plus nécessaire de transmettre des documents par courrier électronique, ce qui peut entraîner des problèmes de version et une perte de temps de travail importante. Votre équipe sera en mesure de travailler ensemble sur les produits livrables qui sont si essentiels à la réussite de votre entreprise lorsque vous utilisez la fonction de co-écriture.

7.5 Garder le contact même lorsque vous êtes en déplacement

Il peut être difficile de maintenir des relations d'équipe cruciales lorsque les travailleurs sont dispersés sur le lieu de travail, qu'ils travaillent à domicile, dans un avion, sur le site d'un client ou simplement entre deux réunions. Lorsqu'ils utilisent simultanément plusieurs gadgets différents, il est beaucoup plus difficile de se concentrer sur une seule tâche. Ils pourront se détendre un peu plus dans leur vie quotidienne maintenant qu'ils disposent d'un centre de collaboration unifié pour les aider.

LIVRE 9: MICROSOFT ACCESS 2024

INTRODUCTION

ÊME PARMI CEUX qui ont entendu parler de l'application, la majorité des individus n'ont aucune idée de ce qu'elle fait ou de la façon dont elle peut être utilisée, et cela est vrai même parmi ceux qui la connaissent. La première version de Microsoft a été introduite en 1990 et a été accompagnée d'une série de logiciels, dont certains ne sont plus utilisés et d'autres le sont encore. Le logiciel d'organisation et d'analyse de bases de données, connu sous le nom de Microsoft Access, a été mis à la disposition du public en 1992. Il a été largement utilisé et apprécié pendant une période considérable, mais lorsque d'autres logiciels ont été développés pour effectuer pratiquement les mêmes activités, il a dû faire face à une forte concurrence.

L'utilisation généralisée de cet outil, en revanche, est montée en flèche lorsque Microsoft l'a intégré en tant que composant standard de sa suite Office en 1995. On peut donc dire que Microsoft Access a profité du succès de Microsoft lui-même, ce qui n'est pas nécessairement une chose négative étant donné que l'outil lui-même est capable d'exécuter un grand nombre de fonctionnalités essentielles à notre époque. Depuis lors, l'application a été incluse dans le pipeline d'évolution de Microsoft Office, ce qui signifie qu'elle doit subir des tests complets en même temps que le développement de divers autres composants d'Office. C'est pour cette raison qu'Access se trouve actuellement dans la situation qui est la sienne. En d'autres termes, Microsoft Access est utilisé dans le processus de développement d'un système de gestion de base de données relationnelle. Une fois que vous avez introduit vos données, Microsoft Access les organise et les analyse de la manière la plus relationnelle possible. Il vous suffit de fournir les informations, et Access se charge de tout le reste. Lorsque vous devez introduire un grand nombre d'enregistrements dans une base de données, Access est un outil particulièrement utile. Si vous utilisez Microsoft Access pour faire le tri, vous n'aurez pas à craindre de commettre des erreurs et vous constaterez que votre travail est beaucoup plus rapide. En outre, il ne sera pas difficile de travailler avec cette base de données et d'y naviguer. Microsoft Access a été développé par Microsoft et est utilisé comme un outil. Il est utilisé comme SGBD. Il a été distribué pour la première fois au public en novembre 2024 et, depuis lors, plusieurs versions révisées ont été mises à disposition, la plus récente étant Microsoft Access, édition 2024. Le chapitre suivant abordera les nombreuses possibilités d'utilisation de Microsoft Access, telles que la création de grandes bases de données, la création de bases de données avec plusieurs tables, la communication avec SharePoint et l'apprentissage de l'utilisation de Microsoft Access une fois que le programme a été installé.

CHAPITRE 1

Termes relatifs aux bases de données que vous devez connaître

L EST SIMPLE de se perdre dans la terminologie des bases de données. Repliez le coin inférieur de cette page pour éviter de trébucher, et revenez à cette section si l'un des termes suivants relatifs aux bases de données ne vous semble pas clair.

1.1 Cellule

Une "cellule" est un emplacement dans un tableau de base de données où un élément de données peut être saisi à la fois. Dans une table de base de données, les cellules sont créées aux points d'intersection entre les champs et les enregistrements.

1.2 Base de données

Une base de données est une approche méthodique de l'organisation de l'information de manière à ce qu'elle puisse être consultée et modifiée avec une relative facilité.

1.3 Table

Une table dans une base de données est un ensemble d'entrées de données organisées en champs ou catégories clairement définis. La grande majorité des bases de données relationnelles sont constituées de nombreuses tables.

1.4 Jeu de dynasties

Les résultats d'une recherche de données dans une base de données sont appelés "dynaset". (Il est important de noter qu'un dynaset n'est pas la même chose qu'un dinosaure.

1.5 Champ

Un champ est une section unique d'informations incluse dans une table de base de données. Dans une table traditionnelle, les colonnes sont analogues à ce que l'on appelle des "champs".

1.6 Filtrage

Trouver des entrées dans une table de base de données qui ont toutes la même valeur ou presque pour un champ est un exemple de filtrage. Lors d'une recherche dans une base de données, le filtrage est une méthode plus pratique mais moins compliquée que d'autres.

1.7 Champ de clé étrangère

Le champ qui, dans une relation entre deux tables de base de données, existe sur les "nombreux" côtés d'une connexion un-à-plusieurs. Ce champ est appelé "champ de clé étrangère". Le champ qui contient la clé principale se trouve du côté "un".

1.8 Formulaire

Un formulaire est une zone comportant des zones de texte et des listes déroulantes et fonctionnant de la même manière qu'une boîte de dialogue. Il est utilisé pour insérer des entrées dans une table de base de données.

1.9 Module

Le terme "module" désigne un processus écrit en Visual Basic dont la fonction est d'exécuter une certaine action dans Access.

1.10 Objet

Un objet est un terme générique qui fait référence aux tables, aux requêtes, aux formulaires et aux rapports que vous pouvez construire et ouvrir après avoir commencé dans le volet de navigation.

1.11 Champ de clé primaire

Dans une table de base de données, le champ de clé primaire est le champ dans lequel les données uniques sont conservées. Pour interroger plusieurs tables de base de données en même temps, les bases de données doivent contenir des champs de clé primaire.

1.12 Requête

Une demande envoyée à une base de données pour en extraire des informations s'appelle une requête. Une table de base de données unique, plusieurs tables de base de données ou même d'autres requêtes peuvent faire l'objet d'une requête.

1.13 Enregistrement

Un enregistrement est un ensemble complet d'informations sur une personne ou un objet unique qui a été saisi dans une table de base de données. Un enregistrement peut être assimilé à une ligne dans un tableau traditionnel.

1.14 Une base de données relationnelle

Il s'agit d'un type de logiciel de base de données qui stocke les données dans plus d'une table de base de données, crée des connexions entre les colonnes et permet aux utilisateurs d'exécuter des requêtes et de générer des rapports en compilant les données de plusieurs tables. La base de données utilisée par Microsoft Access est une base de données relationnelle. Une base de données à fichier plat est une base de données qui ne prend en charge qu'une seule table dans sa structure.

1.15 Rapport

Informations extraites d'une base de données et organisées dans un rapport de manière à ce qu'elles soient faciles à lire et à comprendre. L'impression et la distribution de rapports sont l'objectif des rapports.

1.16 Tri

Trier consiste à réorganiser les entrées d'une table de base de données de manière à ce qu'elles apparaissent par ordre alphabétique, numérique ou chronologique dans un champ. Cette opération peut être réalisée à l'aide d'un algorithme de tri.

CHAPITRE 2

Tables, requêtes, formulaires et Autres Objets

'une des difficultés rencontrées lorsqu'on se familiarise avec une application de base de données est qu'il n'est pas possible de s'y plonger directement, ce qui explique également pourquoi tant de personnes trouvent les bases de données intimidantes. Pour pouvoir utiliser la terminologie des bases de données, vous devez comprendre comment les données sont stockées dans une base de données et comment elles sont extraites. Vous devez vous familiariser avec les objets, qui sont le nom générique utilisé par Access pour les tables de base de données, les requêtes, les formulaires et tout ce qui fait d'une base de données une base de données. Ces sections offrent un cours accéléré sur les bases de données pour vous aider à démarrer. Elles décrivent les nombreux éléments qui composent une base de données, tels que les tables, les requêtes, les formulaires et les rapports qui s'y trouvent. Mettez votre ceinture de sécurité et attachez-vous. Vous êtes prêt à créer votre première base de données si vous terminez ce cours accéléré sans rencontrer de difficultés techniques.

2.1 Stocker des informations dans des tables de données

Les tables de base de données, telles que celle illustrée à la figure 1-1, sont utilisées pour stocker les informations contenues dans les bases de données. Lorsque vous créez une table pour une base de données, vous devez veiller à inclure une colonne pour chaque type d'information que vous souhaitez conserver. Dans une base de données, les champs ont la même fonction que les colonnes dans une table. Lorsque vous commencez le processus de création d'une table de base de données, l'une de vos premières tâches consiste à nommer les champs et à notifier à Access le type de données que vous souhaitez conserver dans chaque colonne. La figure 1-1 présente une table de base de données qui peut être utilisée pour stocker des informations sur les employés. L'ID, le prénom, le nom, l'adresse électronique, le téléphone professionnel, la société, le titre du poste et le téléphone personnel sont les huit champs qui sont inclus dans cette section.

2.2 Formulaires de saisie des données

Une fois que les champs de la table de la base de données ont été créés, vous pouvez commencer à saisir des données dans la table. Un enregistrement est un compte rendu écrit qui détaille toutes les informations relatives à une personne ou à un objet. Même si les entrées peuvent être saisies directement dans une table de base de données, l'utilisation d'un formulaire pour saisir un enregistrement est la méthode la plus simple. Les formulaires, qui ressemblent beaucoup à des boîtes de dialogue, permettent aux utilisateurs de saisir des informations en sélectionnant des options dans des menus déroulants et en tapant dans des champs de texte, comme l'illustre la figure 1-2. Lorsque l'on remplit un formulaire, il est assez facile de comprendre quel type d'information doit être saisi dans chaque section.

2.3 Les termes "macros" et "modules".

Ce mini-livre n'entre pas dans le détail des macros et des modules, qui sont pourtant tous deux des objets de base de données. Une macro est une forme abrégée d'un ensemble d'instructions. Vous pouvez stocker des macros pour des tâches Access telles que l'exécution de requêtes et d'autres opérations Access. Un ensemble de procédures et de déclarations Visual Basic utilisées pour effectuer des activités dans Access est appelé module.

2.4 Constitution d'un fichier de base de données

Access propose aux utilisateurs deux options distinctes pour créer un nouveau fichier de base de données. Vous pouvez partir de zéro ou utiliser un modèle pour vous guider tout au long du processus. Lorsque vous utilisez un modèle, une partie du travail est déjà effectuée pour vous. Le générateur de requêtes, les formulaires et les rapports sont tous préconfigurés et inclus dans le modèle. D'un autre côté, les modèles sont destinés aux utilisateurs qui ont déjà l'habitude de travailler avec des bases de données Access. Vous devez savoir comment modifier une base de données existante pour pouvoir utiliser un modèle. Déterminez l'emplacement sur votre ordinateur où le fichier de base de données sera conservé avant de commencer à créer le fichier lui-même. Access est unique parmi les produits Office en ce sens qu'immédiatement après avoir créé un nouveau fichier de base de données, vous devez l'enregistrer et lui donner un nom.

2.5 Création d'une nouvelle base de données à partir d'un fichier vierge

Si vous souhaitez créer un fichier de base de données à partir de zéro, suivez les instructions suivantes:

- Choisissez Nouveau dans le menu déroulant du menu Fichier.

- La fenêtre Nouveau s'ouvre.

- Choisissez simplement l'icône intitulée "Base de données de bureau vierge".

- Vous serez invité à choisir le dossier dans lequel votre nouvelle base de données sera conservée lorsque la boîte de dialogue correspondante s'ouvrira.

- Choisissez-le en cliquant sur le bouton.

- La boîte de dialogue intitulée File New Database (Fichier nouvelle base de données) s'affiche.

- Choisissez le répertoire dans lequel vous souhaitez enregistrer le fichier de la base de données, donnez-lui un nom dans la zone de texte intitulée "Nom du fichier", puis cliquez sur le bouton "OK".

- Choisissez simplement l'option "Créer".

- Un tableau vierge et le volet de navigation sont présentés ici. La section intitulée "Se repérer dans le volet de navigation" se trouve plus loin dans ce chapitre et décrit l'objectif de cette page. Je vous conseille vivement de vous y rendre rapidement.

2.6 Aide à partir de modèles préexistants

Les modèles peuvent être très utiles, mais seulement si l'utilisateur peut les personnaliser comme décrit ci-dessus. Access fournit des bases de données préconfigurées qui peuvent être utilisées à diverses fins, notamment la gestion des biens, la tenue de l'inventaire, la planification des ressources, etc. De manière inattendue, la seule méthode permettant de déterminer si l'un des modèles vaut la peine d'être utilisé est de créer une base de données basée sur un modèle, d'ouvrir le fichier de base de données et de l'examiner. Pour générer un fichier de base de données à l'aide d'un modèle, créez une base de données en suivant ces étapes :

- Choisissez Nouveau dans le menu déroulant du menu Fichier.

- La fenêtre Nouveau devrait maintenant être visible.

- Pour obtenir un modèle à partir du référentiel en ligne de Microsoft, sélectionnez un modèle à télécharger ou utilisez la boîte de recherche.

- Les applications, par opposition aux bases de données, sont représentées par des modèles dotés d'une icône en forme de globe. Les programmes Access sont conçus pour fonctionner avec différents navigateurs web.

- Il suffit de le choisir en cliquant sur le bouton.

- La boîte de dialogue intitulée File New Database (Fichier Nouvelle base de données) s'affiche.

- Choisissez le répertoire dans lequel vous souhaitez enregistrer le fichier de base de données, donnez-lui un nom dans la zone de texte intitulée "Nom de fichier", puis cliquez sur le bouton "OK".

- Choisissez simplement l'option "Créer".

- Un tableau vierge et le volet de navigation sont présentés ici. Poursuivez votre lecture pour savoir comment utiliser le volet de navigation et où se trouve chaque élément.

2.7 Navigation dans les différentes sections

Lorsque vous ouvrez la majorité des fichiers de base de données, le volet de navigation illustré à la figure 1-5 est le tout premier élément qui apparaît à l'écran. C'est là que vous devez commencer à travailler dans Access ; c'est le point de départ. À partir de là, vous pouvez choisir un élément avec lequel travailler et vous mettre immédiatement au travail (encore cette horrible phrase !). Lorsque vous créez une table, une requête ou d'autres objets, ceux-ci sont automatiquement placés dans le volet de navigation afin que vous puissiez y accéder ultérieurement.

La figure 1-5 montre comment trouver et choisir des éléments à l'aide du volet de navigation.

Vous trouverez ci-dessous des instructions abrégées pour effectuer les opérations suivantes, entre autres, dans le volet de navigation:

Sélection d'une catégorie d'objets

Choisissez un groupe dans la liste déroulante Type d'objet située en haut du volet de navigation, tel que Tables, Requêtes, Formulaires, Rapports, etc., ou sélectionnez Tous les objets d'accès pour voir tous les groupes à la fois, comme illustré à la figure 1-5.

Création d'un nouvel objet

Allez dans l'onglet Créer et choisissez le type d'objet que vous souhaitez créer dans le menu déroulant. Si vous souhaitez baser un nouveau formulaire ou rapport sur une table ou une requête, vous pouvez le faire en cliquant sur une table ou une requête dans le volet de navigation pendant que vous construisez un nouveau formulaire ou rapport.

Ouverture d'un objet

Effectuez l'une des actions suivantes pour ouvrir une table de base de données, une requête, un formulaire ou un rapport : Vous pouvez soit cliquer avec le bouton droit de la souris et sélectionner Ouvrir dans le menu contextuel, soit double-cliquer sur l'objet et appuyer sur la touche Entrée de votre clavier.

Ouverture d'un objet dans la vue Conception

Dans la vue Conception, vous êtes chargé de construire les tables, les formulaires et les requêtes de la base de données. S'il est nécessaire de modifier la structure d'un objet, cliquez avec le bouton droit de la souris sur l'objet, puis sélectionnez Vue de conception dans le menu contextuel.

Recherche d'objets

Vous pouvez trouver ce que vous cherchez en utilisant la barre de recherche située tout en haut du volet de navigation.

Ouverture et fermeture du volet de navigation

Pour ouvrir et fermer le volet de navigation, appuyez sur la touche F11 de votre clavier ou cliquez sur le bouton d'ouverture/fermeture de la barre d'obturation situé dans le coin supérieur droit du volet de navigation. Le volet se rétrécit et s'efface. Vous pouvez également modifier la taille de ce volet en cliquant sur son bord droit et en faisant glisser la souris dans l'une ou l'autre direction.

CHAPITRE 3

Création d'une table de base de données

LA CRÉATION DES TABLEAUX et l'introduction des données constituent la première étape de la mise en place d'une base de données. C'est également l'aspect le plus important du processus. Une fois les données saisies, vous aurez accès à votre base de données et pourrez l'interroger pour obtenir des informations sur les éléments et les personnes suivis par votre base de données. Les chapitres précédents de ce livre expliquent ce que sont les tables de base de données et comment créer un exemple remarquable de table. L'onglet Créer est l'endroit où l'on doit commencer le processus de création d'une table dans une base de données. Access permet aux utilisateurs de créer des tables de base de données selon trois méthodes différentes, que j'aborderai plus en détail dans les pages suivantes:

- Partez de zéro lorsque vous créez le tableau dans la base de données : Vous êtes responsable de la saisie des données et du formatage de chaque champ individuellement.

- Pour ce faire, utilisez un modèle comme guide : Obtenez une table dont les champs sont déjà préfabriqués. Si vous avez une bonne connaissance d'Access et que vous pouvez modifier les tables et les colonnes d'une base de données, vous pouvez procéder de cette manière.

- Importer la table d'une autre base de données : Si vous pouvez recycler des données qui ont été précédemment enregistrées dans une table de base de données à l'intérieur d'une autre base de données Access, vous pouvez gagner beaucoup de temps en utilisant cette méthode.

3.1 Création d'une table de base de données à partir de zéro

Pour créer un tableau à partir de zéro, il faut d'abord créer le tableau lui-même, puis saisir les données de chaque champ individuellement. Après l'ouverture d'un fichier de base de données, vous pouvez construire une table de base de données à partir de zéro en suivant les procédures ci-dessous :

- Naviguez jusqu'à l'onglet intitulé Créer.

- Pour créer une table, utilisez le bouton Conception de la table.

La fenêtre intitulée "Conception" apparaît alors. Vous allez maintenant saisir les champs de votre table de base de données à l'aide de cet écran. Je déteste devoir me comporter comme un bureaucrate de l'hôtel de ville qui donne des ordres à tout le monde, mais je ne peux pas m'en empêcher. Pour plus d'informations sur la saisie de données dans les champs d'une table de base de données, reportez-vous à la section de ce livre intitulée "Saisie et modification des champs d'une table". Pour enregistrer vos modifications, utilisez l'option Enregistrer située dans la barre d'outils Accès rapide. Une fenêtre de dialogue intitulée Enregistrer sous s'ouvre. Après avoir donné à votre tableau un nom décrivant correctement son contenu, cliquez sur le bouton OK. Lorsque vous retournerez dans le volet de navigation, vous verrez que le nom du tableau que vous avez créé y figure. Si vous ne me faites pas confiance, vous pouvez vérifier les noms des tables de votre base de données en cliquant sur le groupe Tables.

3.2 Développement d'une table de base de données à l'aide d'un modèle

Si vous êtes familier avec Access et que vous savez comment apporter des modifications aux tables de la base de données, l'une des pires choses que vous puissiez faire est de construire une table de base de données en utilisant un modèle. Access propose les quatre types de modèles suivants : Utilisateurs, Contacts (qui peuvent être utilisés pour stocker des adresses de contact et des numéros de téléphone), Problèmes (qui peuvent être utilisés pour classer les problèmes par ordre de priorité), Tâches (qui peuvent être utilisées pour suivre les projets, leur avancement et leur date d'échéance) et Tâches (pour stocker les adresses électroniques). Access ne se contente pas de générer des tables, il génère également des requêtes, des formulaires et des rapports prêts à l'emploi pour accompagner les tables qu'il génère. Après avoir créé une table à l'aide d'un modèle, vous avez la possibilité de supprimer les champs inutiles. L'élimination de champs est généralement l'option la plus simple par rapport à l'ajout de nouveaux champs. Lorsque vous utilisez un modèle pour générer une table (et les requêtes, formulaires et rapports correspondants), vous devez suivre les procédures suivantes :

- Si des éléments restent ouverts, veillez à les fermer tous.

- Vous pouvez fermer un élément en cliquant sur le bouton Fermer de l'onglet de l'objet ou en cliquant avec le bouton droit de la souris sur l'onglet et en sélectionnant Fermer dans le menu contextuel.

- Cliquez sur le bouton Application Parts (Pièces d'application) situé sous l'onglet Create (Créer).

- Une liste déroulante affiche des choix pour la construction de tableaux et de formulaires. (Vous trouverez les tableaux dans la section intitulée "Démarrage rapide").

- Sélectionnez Utilisateurs, Contacts, Questions ou Tâches.

- Une boîte de dialogue apparaît si votre base de données contient déjà d'autres tables. vous demandera si vous souhaitez ou non établir une relation entre la table que vous créez et une autre.

- Choisissez le bouton "Il n'y a pas de relation", puis cliquez sur le bouton

Créer. Si vous souhaitez créer ces relations dès maintenant et que vous avez les moyens de le faire, sélectionnez une option autre que "Il n'y a pas de relation", sélectionnez une table dans la liste déroulante, puis cliquez sur le bouton "Suivant" pour choisir le champ avec lequel vous souhaitez établir la relation. Si vous souhaitez créer ces relations immédiatement, sélectionnez une option autre que Il n'y a pas de relation. Sélectionnez Design View parmi les options du menu déroulant qui apparaît lorsque vous cliquez avec le bouton droit de la souris sur le nom de la table dans le volet de navigation (ou cliquez simplement sur le bouton Design View dans le coin inférieur droit de l'écran). Lorsque vous êtes en vue Conception, vous pouvez voir les noms des champs qui sont inclus dans la table. Consultez la section "Saisie et modification des champs de la table" plus loin dans ce chapitre si la table contient déjà des champs dont vous n'avez pas besoin ou si vous souhaitez modifier les noms des champs.

3.3 Introduction d'une table à partir d'une autre base de données

L'insertion d'entrées dans une table de base de données est l'une des tâches les plus laborieuses qui soient. Si les enregistrements dont vous avez besoin ont déjà été enregistrés ailleurs, vous avez un souci en moins. Pour récupérer une table de base de données d'une base de données Access et l'importer dans une autre, procédez comme suit :

3.4 Naviguer vers l'onglet Données externes

Vous pouvez ajouter une nouvelle source de données en cliquant sur le bouton Nouvelle source de données, en sélectionnant De la base de données dans la liste déroulante, puis en sélectionnant Access dans la liste secondaire.

- Une fenêtre de dialogue intitulée Get External Data - Access Database (Obtenir des données externes - Base de données Access) s'affiche.

- Après avoir sélectionné la base de données Access qui contient le tableau dont vous avez besoin en utilisant le bouton Parcourir de la boîte de dialogue Ouvrir un fichier, cliquez sur le bouton Ouvrir.

- La boîte de dialogue Get External Data - Access Database (Obtenir des données externes - Base de données Access) apparaît à nouveau.

- Cliquez sur le bouton OK après avoir sélectionné le bouton de premier choix, ce qui vous permettra d'importer des tables, des requêtes, des formulaires, des rapports, des macros et des modules dans la base de données existante.

- La boîte de dialogue Importer des objets s'affiche, comme dans la figure 2-1.

- Choisissez la table de la base de données avec laquelle vous souhaitez travailler dans l'onglet Tables.

- Vous pouvez importer plus d'une table de base de données en sélectionnant les tables que vous souhaitez importer une par une ou en sélectionnant toutes les tables à la fois à l'aide de l'option Sélectionner tout.

- Vous pouvez importer la structure d'une table, ce qui inclut les noms des champs et les formats de la table, mais pas les données qu'elle contient. Pour ce faire, ouvrez la boîte de dialogue Importer des objets, cliquez sur le bouton Options, et puis, dans la section intitulée "Importer des tableaux", sélectionnez le bouton d'options intitulé "Définition uniquement" (voir figure 2-1).

- Cliquez sur le bouton OK.

CHAPITRE 4

Téléchargement des données dans la vue Feuille de données

Le processus de saisie des données dans la vue Feuille de données est assez similaire au processus de saisie des données dans un tableau traditionnel. Une feuille de données, tout comme un tableau, est formatée avec des colonnes et des lignes. Les lignes sont utilisées pour insérer des enregistrements et chaque colonne représente un champ différent. Les personnes qui utilisent la vue Feuille de données apprécient la flexibilité de pouvoir voir une douzaine d'enregistrements à la fois. Ces pages contiennent des instructions sur la manière de modifier l'apparence d'une feuille de données et d'insérer des données dans une feuille de données pour les utilisateurs qui préfèrent la vue Feuille de données. Lorsque vous double-cliquez sur les noms des tables de la base de données dans le volet de navigation, les tables se chargent par défaut dans la vue Feuille de données. Si, en revanche, vous vous retrouvez à regarder fixement une table en vue Conception, vous pouvez basculer en vue Feuille de données en cliquant sur le bouton dans la barre d'état ou en utilisant la commande Vue dans l'onglet Accueil.

4.1 Saisir des données

Lorsque vous êtes en vue Feuille de données, le bas de la fenêtre vous informe du nombre total d'enregistrements qui ont été insérés dans la table de la base de données, ainsi que de l'enregistrement dans lequel se trouve le curseur. Pour commencer à saisir un nouvel enregistrement, vous devez d'abord naviguer jusqu'à une nouvelle ligne vacante, puis commencer à saisir les données. Choisissez l'une des options suivantes pour générer une nouvelle ligne:

- Cliquez sur le bouton Nouveau situé dans l'onglet Accueil.

- Pour créer un nouvel enregistrement à partir de zéro, utilisez les boutons de navigation de la feuille de données pour choisir l'option Nouvel enregistrement (vierge). Ces boutons se trouvent dans le coin le plus à gauche de la fenêtre de visualisation de la feuille de données, dans le coin inférieur droit.

- Faites défiler vers le bas jusqu'à ce que vous atteigniez le bas de la fenêtre affichant la feuille de données, puis commencez à saisir la ligne précédée d'un astérisque (*).

- Pour continuer, appuyez sur CTRL. (la touche plus).

Le sélecteur de ligne vous indiquera l'enregistrement sur lequel vous travaillez actuellement en affichant une icône en forme de crayon à côté de celui-ci. Vous pouvez passer d'un champ à l'autre en cliquant sur un champ, en utilisant la touche Tab ou en appuyant sur la touche Entrée de votre clavier.

4.2 Modifier l'apparence générale de la fiche de données

Essayez de jouer avec l'apparence de la feuille de données pour voir si vous pouvez la rendre un peu moins encombrante et difficile à utiliser. Access fournit quelques raccourcis utiles qui peuvent être utilisés à cette fin :

Réorganiser les colonnes

Les colonnes peuvent être réorganisées en cliquant sur leur nom en haut de la feuille de données et en les faisant glisser vers la gauche ou la droite. Cela vous permettra de déplacer une colonne à un nouvel endroit.

Redimensionner les colonnes

Lorsque vous souhaitez redimensionner une colonne, déplacez le curseur entre les noms des colonnes en haut de la feuille de données. Lorsque vous voyez une flèche à deux têtes, cliquez dessus et commencez à la faire glisser jusqu'à la taille souhaitée. Déplacez le curseur entre les noms des colonnes et double-cliquez sur la souris jusqu'à ce que vous voyiez la flèche à deux têtes. La colonne s'agrandit alors jusqu'à ce qu'elle soit juste assez large pour contenir l'entrée la plus large.

Varier les polices de caractères

La police Calibri 11 points est sélectionnée par défaut pour une feuille de données ; cependant, l'onglet Accueil contient des instructions qui vous permettent de modifier la police de caractères ainsi que la taille de la police. Vous trouverez ces commandes dans la catégorie "Mise en forme du texte".

Varier les quadrillages

Pour modifier l'aspect des quadrillages, il faut ouvrir le menu déroulant situé sur le bouton Quadrillages de l'onglet Accueil. Dans ce menu, vous pouvez choisir plusieurs options pour modifier le nombre de lignes de quadrillage ainsi que leur épaisseur.

Couleurs de lignes alternées

Dans l'onglet Accueil, cliquez sur le bouton "Couleur des lignes alternées", puis ouvrez la liste déroulante qui s'affiche et choisissez une couleur à utiliser pour les lignes alternées de la feuille de données.

CHAPITRE 5

L'art de la présentation des données dans un rapport

L ES INFORMATIONS incluses dans une table ou une requête de base de données peuvent être présentées dans un rapport de la manière la plus esthétique qui soit. Même les personnes hypersensibles aux bases de données peuvent tolérer le contenu d'une base de données figurant dans un rapport. Les rapports sont simples à lire et à comprendre. Ils présentent les faits sous une forme condensée afin qu'ils soient plus faciles à comprendre pour vous et pour les autres. Ce court chapitre vous guidera à travers les étapes de la création de rapports, de leur ouverture et des modifications à y apporter.

5.1 Création d'un rapport

Access est équipé d'une grande variété d'outils complexes qui peuvent être utilisés pour créer votre propre rapport. Ces outils vous permettent de concevoir la mise en page de diverses manières et de positionner les champs de données à divers endroits de la page. L'élaboration d'un rapport est le type de travail qui devrait absolument être réalisé avec l'aide d'un assistant. En évitant les outils de création de rapports compliqués et en déléguant la tâche à l'assistant, vous pouvez vous épargner bien des tracas tout en produisant des rapports à l'apparence élégante.

5.2 Visualisation/ouverture du rapport

Si vous avez travaillé un tant soit peu avec Access, vous connaissez la procédure d'ouverture d'un fichier appelé objet. Pour ouvrir un rapport, procédez comme suit :

- Choisissez le groupe Rapports dans le menu déroulant du volet de navigation.

- Les noms des rapports que vous avez préparés s'affichent.

- Vous pouvez ouvrir un rapport en double-cliquant sur son nom ou en cliquant dessus avec le bouton droit de la souris et en sélectionnant Ouvrir dans le menu contextuel.

Le rapport doit s'afficher dans la vue Rapport. Allez à la page d'accueil et sélectionnez l'option Actualiser tout pour mettre à jour un rapport existant afin qu'il incorpore les données nouvellement fournies.

5.3 Modifications apportées à un rapport (Tweaking)

Comme je l'ai dit au début de ce livre, Access fournit une grande variété d'outils sophistiqués qui peuvent être utilisés pour modifier le format et la présentation d'un rapport. Si vous êtes courageux et que vous disposez de beaucoup de temps libre, vous pouvez prendre ces instruments en main et les utiliser. En cliquant avec le bouton droit de la souris sur un rapport dans le groupe Rapports du volet de navigation, vous ferez apparaître un menu contextuel dans lequel vous pourrez choisir l'option Vue de mise en page. La vue de mise en page s'affiche pour votre rapport. Dans cette vue, vous pouvez modifier l'aspect de votre rapport en utilisant les outils qui se trouvent dans les onglets intitulés Outils de mise en page du rapport. Je vous guiderai tout au long du processus de génération d'un rapport via l'Assistant de rapport afin que vous n'ayez pas à vous confronter à cet affichage intimidant. Si vous suivez ces méthodes, vous serez en mesure de modifier l'aspect d'un rapport tout en le visualisant dans la vue Mise en page sans trop vous embêter. Vous pouvez modifier la mise en page de votre rapport en cliquant sur le bouton Empilé ou Tabulaire situé dans l'onglet Disposition des outils de mise en page du rapport ou en cliquant sur le bouton Quadrillage et en sélectionnant une alternative dans la liste déroulante qui s'affiche après avoir cliqué sur ce bouton. Incorporer des numéros de page Pour inclure des numéros de page dans le rapport, allez dans l'onglet Conception (Outils de mise en page du rapport) et sélectionnez l'option intitulée "Numéros de page". Une boîte intitulée "Numéros de page" apparaît. Vous pouvez sélectionner le bouton Page N pour afficher simplement le numéro de page ou le bouton Page N sur M pour afficher à la fois le numéro de page et le nombre total de pages du rapport (par exemple, "Page 2 sur 4"). Choisissez parmi les options disponibles pour Position et Alignement afin de spécifier l'endroit où le numéro de page doit être placé. Pour modifier les marges, accédez à l'onglet Mise en page des outils de mise en page du rapport, cliquez sur le bouton Marges, puis choisissez Normal, Large ou Étroit dans la liste déroulante.

5.4 Amélioration des rapports en toute simplicité

Le transfert d'un rapport vers Microsoft Word, où il peut être édité, est l'un des moyens les plus simples d'apporter des modifications à un rapport. Pour convertir un rapport Access en un document pouvant être ouvert dans Word, procédez comme suit:

- Si vous envisagez d'exporter vos données vers Word, allez dans l'onglet Données externes, cliquez sur le bouton Plus dans le groupe Exportation, puis choisissez Word dans la liste déroulante.

- La boîte de dialogue Exporter - Fichier RTF s'affiche.

- Après avoir sélectionné un emplacement pour enregistrer le document Word à l'aide du bouton Parcourir et de la boîte de dialogue Enregistrer le fichier, vous pouvez cliquer sur le bouton Enregistrer pour finaliser le processus.

- Sélectionnez Ouvrir le fichier de destination une fois l'opération d'exportation terminée dans le menu déroulant de la boîte de dialogue Exporter - Fichier RTF.

- Pour continuer, cliquez sur le bouton OK.

Votre rapport d'Access w sera importé dans Word en une minute. Le fichier est au format RTF, qui signifie "rich text format".

Vous pouvez l'enregistrer en tant que document Word en allant dans l'onglet Fichier, en sélectionnant Enregistrer sous, en cliquant sur le bouton Parcourir, puis en ouvrant la liste déroulante Enregistrer sous dans la boîte de dialogue Enregistrer sous et en sélectionnant Document Word. Le fichier sera alors enregistré.

CONCLUSION

La PRODUCTIVITÉ est pratiquement tout ce qui compte dans le monde d'aujourd'hui. Parce que vous avez tant à faire, et je n'exagère pas en disant cela, vous devriez utiliser un outil qui peut vous aider à mener une vie plus productive, et Microsoft 365 est, sans aucun doute, l'un de ces outils.

Il est possible que nous ayons déjà vu combien cela peut nous coûter lorsque nous sommes pris dans la toile du travail et que nous sommes submergés par la quantité de travail à accomplir. D'un autre côté, si nous utilisons les outils inclus dans ce package Microsoft 365 pour nous aider à être plus productifs et efficaces dans notre travail, nous ne nous retrouverons peut-être pas aussi souvent dans des situations de ce type.

Ce livre a déjà expliqué comment naviguer dans l'interface, de sorte qu'il ne devrait pas être trop difficile de trouver comment utiliser Office 365 une fois que vous aurez pris l'habitude de naviguer dans l'interface. Office 365 s'accompagne d'un grand nombre de programmes, tous simples à utiliser. Les principaux programmes de productivité, notamment OneDrive, Word, Excel et PowerPoint, ont tous été abordés dans cet ouvrage, qui en a simplifié et décomposé les fonctionnalités.

Toutefois, vous avez toujours la possibilité de vous y reporter à plusieurs reprises pour traiter les sections qui prêtent à confusion. En procédant ainsi, vous comprendrez les choses plus rapidement et, une fois que vous les aurez comprises, elles feront toujours partie de vous.

Vous pouvez garder une trace de tout ce que vous faites en synchronisant tous vos appareils, et vous pouvez prendre des notes chaque fois que vous en avez besoin, en utilisant n'importe quel appareil à votre disposition. Vous pouvez également retrouver vos notes à tout moment, même si vous utilisez l'un de vos autres appareils, ce qui vous permet de planifier efficacement comme un pro.

Discutez des méthodes efficaces qui peuvent vous aider à travailler avec d'autres personnes. Ce guide de l'utilisateur vous a mis sur la bonne voie pour commencer à en tirer profit, et il ne peut que s'améliorer au fur et à mesure que vous l'utilisez. Augmenter votre productivité avec Microsoft 365 est possible où que vous soyez, que ce soit à la maison, au travail ou à l'école.

Enfin, grâce aux qualités exceptionnelles d'Office 365, vous pouvez accéder à tous vos fichiers depuis n'importe quel endroit, pour autant que vous disposiez d'une connexion internet active. Après vous être connecté à l'interface d'Office 365, il ne vous reste plus qu'à continuer à travailler sur les documents que vous venez de créer ou sur ceux que vous avez déjà créés. Cette façon de travailler est appelée "travail à la volée".